歴史文化ライブラリー
509

難民たちの日中戦争

戦火に奪われた日常

芳井研一

吉川弘文館

目　次

［凡例］

・引用文では原文の表記を尊重したが、読みやすいように原則として新字体、ひらがな、送りがなを用いた。
・引用文中の間を省略する場合には「……」を用いた。
・引用文中の〔　〕は筆者による補足である。
・「支那」など今日では不適切な用語があるが、歴史用語としてやむを得ず用いた箇所もある。

かえりみられなかった戦争難民——プロローグ

難民たちの日中戦争とは

日中戦争の戦場は中国大陸であった。平原や山岳地帯が戦場になったが、村落や市街地、その近郊での戦闘も多く見られた。そのたびに住民は戦渦から逃れるために避難した。彼らは当初、戦闘が収まると居住地に戻った。だが戦闘はたびたび起こり、戦面がひろがるにつれ多様な難民が中国大陸を行き来するようになった。農村から都市に逃れる人々、都市から近親者を頼って近郷に身を隠す人々、居住地を捨て遠くに移住する人々などさまざまである。従来の日中戦争の叙述ではほとんどかえりみられることのなかったこうした人々について、本書では難民あるいは戦争難民と呼んで追跡する。

中国では古くから難民という用語が使われてきた。水害などの天災で故郷を捨てざるを得なくなった厖大な難民が、歴史のなかでたびたび生まれた。いっぽう第二次世界大戦後の一九五一年に国際法上の難民の定義が新たに設けられ、難民は国境を越えて避難する人々であると規定された。国内を移動する人々は、国内避難民と呼んで区別するようになった。国外に逃れる難民が増え、その保護が大きな国際問題になったためである。ただ国内の避難民も日常生活を営む場であった居住地を離れることを余儀なくされた人々であり、国境を越えるかどうか以外の面で両者に本質的な違いがあるわけではない。

日中戦争期に居住地を追われてさまよう数千万人の住民のことを難民と呼び、非戦闘地区に設置された避難場所を難民区、難民の収容施設を難民収容所と呼称した。こうした中国大陸における厖大な戦争難民について、戦面の拡大に即して時系列的に検討した成果はこれまでなかった。その理由は、それらを裏付けるための資料を見出しにくかったためである。今日でも戦争難民をめぐる資料の残存状況に大きな変化はない。とはいえ既存の資料が有効に活用されているとはいえず、新たな資料も散見される。それらを活用しつつ、とにかく日中戦争期の難民をめぐる問題を考え、まとめてみようというのがここでの試みである。日本ではとくに日中戦争の戦争難民を実態的にとりあげた分析自体が乏しい。資料的制約が大きいという事情はあるものの、住民の戦争被害について考えるために欠かせない問題なので、不十分ながらも整理しておく必要に駆られた。

そこで本書では第一に、日中戦争の展開過程に即しつつ難民問題がどのように推移したかを日本軍による戦面の拡大と難民発生の実態の両側面から追うことにしたい。

第二に、戦略爆撃が日中戦争の展開過程にもたらした意味を考える。住民に対する戦略爆撃は総力戦段階に初めて登場した新たな戦闘形態であるが、それが日中戦争やアジア太平洋戦争の推移にどのような影響をもたらしたかについて米国側の対応を含めて追跡したい。

第三に、国民政府と中国共産党の難民対策について検討する。抗日政権にとっても、総力戦である以上国民動員は不可欠であり、有効な難民対策を実施できるかどうかは大きな課題であった。

第四に、難民問題が日中戦争の経過とどのようにかかわっていたかを考察する。両者には一見直接の関連はなさそうに見えるが、実は戦略爆撃にしても、河南難民問題にしても、治安戦にともなう難民問題にしても、第二次世界大戦の一環としての日中戦争の展開・推移・終結と密接に関係していた。

研究状況

戦争難民問題を取り上げる必要性については、かつて野沢豊が、中国大陸を流浪しつづける何千万の人々の日常は島国の私たち日本人には想像もつかないものであったとして、研究の進展に期待を寄せていた。野沢は、戦後二〇数年の間にこの問題を真正面からとりあげたものは数少なかったと記しているが、その後の四十余年にわたる研究状況を見渡しても、状況は一歩進んだとはいえ、さほど変わっていないようである。もちろん日本では笠原十九司や石島紀之・小浜正子などによる優れた個別研究があり、中国では孫艶魁など、アメリカではステファン・マッキノンの研究があり、中国語訳として『武漢、１９３８』が刊行されている。孫艶魁『苦難的人流―抗戦期難民』は、日中全面戦争期の中国大陸における戦争難民問題を総括的に検討した研究であり、全体像を俯瞰するには格好の著書である。こうした研究に学びつつ、先のような視点から難民にとっての日中戦争を描いてみようというのが、ここでの取り組みである。

なお日本軍による作戦の進展にともなう難民の発生を時系列で整理する際に、統計上どのような人々を難民の範囲に含めるかは、むつかしい問題である。戦闘を避けて一時避難する住民も、避難している時点では難民である。避難期間は一週間の場合も、一年や数年の場合もある。戻らずに、新天地で新しい生活をはじめる人々も難民である。戦闘がおさまった後に居住していた都市に帰り、一角に設けられた難民区で生活する人々もいる。以下では難民を便宜上、（1）居住地を捨てた難民、（2）難民区等で生活する難民、（3）一時的避難民、の三つを念頭に置きながら検討することにしよう。

難民数の推移と特徴

一九三七年七月七日の盧溝橋《ろこうきょう》事件後に日中戦争は全面化した。戦面は華北から華中へとひろがり、厖大な戦争難民が生まれた。

当時南満州鉄道東京支社調査室に在勤しながら近衛文麿《このえふみまろ》内閣のブレーンとして活動していた尾崎秀実《おざきほつみ》は、戦線が上海や南京にまで拡大した一九三七年一二月に、戦火に追われてあてもなく街をさまよう難民を心配し、日本人もこれを救援すべきであると提言した。家や食のあてもないまま厳寒期を迎えつつある難民は、上海の租界に限っても幾十万人にのぼっていると伝えた。公的機関の発表した概数として尾崎が記しているところでは、一九三八年末における日本の占領地域は一四八万平方キロ、人口は一億九四五〇万人であった。非占領地域は三一三万平方キロで、人口は二億三一九〇万人であった。この時日本は、中国全土の三分の一、全人口の半数近くを占領下に置いたことになる。尾崎は、一九三八年夏ごろまでの戦争難民数が七〇〇〇万人から八〇〇〇万人にのぼるとし、その半数以上はもとの居住地に戻っただろうと推定している。

戦争の展開にともない難民数は刻々と変動しており、残された資料から統計的に追跡することは困難であるが、数千万人の戦争難民が中国大陸を流浪したことについては、これまでの分析でほぼ一致している。表1は、ステファン・マッキノンが自著のなかに掲載したものを引用し加工したものである。元資料は一九四六年に作成された「官方档案報告」

表1　日中全面戦争期の地域別難民数

省名・都市名	難民数	人　口	人口百分比
江 蘇 省	12,502,633	35,896,161	34.83
南　　京	335,634	1,020,016	32.90
上　　海	531,431	3,850,949	13.80
浙 江 省	5,185,210	21,695,439	23.90
安 徽 省	2,688,242	21,980,072	12.23
江 西 省	1,360,045	14,241,309	9.55
湖 北 省	7,690,000	25,522,273	30.13
武　　漢	534,040	1,225,987	43.56
湖 南 省	13,073,209	30,594,919	42.73
福 建 省	1,065,469	11,518,584	9.25
広 東 省	4,280,266	31,106,584	13.76
広 西 省	2,562,400	12,577,370	20.37
河 北 省	6,774,000	28,236,765	23.99
北　　京	400,000	2,588,997	15.45
天　　津	200,000	2,000,000	10.00
山 東 省	11,760,644	38,295,812	30.71
河 南 省	14,533,200	33,417,337	43.49
山 西 省	4,753,842	11,577,793	41.06
満 州 里	4,297,100	35,454,620	12.12
綏 遠 省	695,715	1,821,243	38.20
斉斉哈爾	225,673	2,036,760	11.08
合　計	95,448,753	366,658,990	26.03

注　「戦時難民与無家可帰的民衆（1937-1945）」（麦金農『武漢，1938』武漢出版社，2008年，63-64頁）より作成.

である。九五四四万人という難民数は、当時の中国国民政府が把握していた数である。ただ別の統計値もある。一九四七年九月に刊行された行政院の資料では、難民数は三八四三万人で、全人口の八・三%であった。

当時現地を視察しつつ報道したアメリカの雑誌記者セオドア・ホワイトは、自身の記事のなかで一九三七年七月から一九三八年一〇月の漢口《かんこう》陥落までの難民数を二五〇〇万人と記載したが、これは国民救済委員会の統計表にその間の一四か月に難民キャンプに二五〇〇万食を配ったという数字の過誤流用であったと著書に記している。このように誤った難民数が一人歩きした事例もあるだろう。ただ国民救済委員会による一九四二年六月段階の救済難民の公表値は、一九三八年四月から一九四一年一二月までの四五か月間で二六〇〇万人、救済資金一億二四〇〇万元であった。さきに示した行政院資料の難民数三八四三万人とは、国民救済委員会が抗日戦争全期に救済した難民数の合計三八〇〇万人余にほぼ一致しており、それ以外の、短期間に居住地に戻った難民などを含めた全体が表1の九五〇〇万人余であったと推定することもできる。

表1には、原表に記載のある百分比から各省や省都の人口数を再計算したものを追加した。同表に示されている総人口は三億六〇〇〇万人余である。その四分の一が難民であった。難民の割合が最も高いのは、武漢市と河南省で、人口の四三%を占めた。ついで湖南省が四二%、山西省が四一%、綏遠《すいえん》省・江蘇《こうそ》省・南京市・湖北省・山東省が三〇%台であった。難民数が一〇〇〇万人を越えているのは、河南省・江蘇省・湖南省・山東省の四省で、これに続くのが湖北省の七六九万人であった。難民数が多い省は、日本軍が矢継ぎ早

に進めた上海作戦・徐州《じょしゅう》作戦・武漢《ぶかん》作戦の戦場となった地域に対応しており、その後の広範囲な作戦地域や、とくに一九四四年四月以降の大陸打通《たいりくだつう》作戦の対象地が目立つ。

これらを便宜的・概略的に整理すると、一九三七年七月の盧溝橋事件後から同年一二月の南京占領までの時期に日本軍が進軍した北京・天津・河北省・上海・南京・浙江《せっこう》省の難民数の合計が一三四三万人、一九三八年五月の徐州会戦から一〇月の武漢作戦終結までの間に戦場となった山東省・江蘇省・安徽《あんき》省・武漢の難民数は二七四九万人である。一九四四年四月からの大陸打通作戦の戦場は主として河南省・湖北省・湖南省であるが、その難民数の合計は三五三〇万人である。もちろん広東作戦の際には広東省に、大陸打通作戦の終末期には広西省に日本軍が進軍しており、多くの難民が生まれる戦場周辺地域はそのつど変わった。戦争の推移に対応させるには、限られた資料であってもより正確な難民にまつわる地域別の人数や実態を積み上げる必要があるだろう。

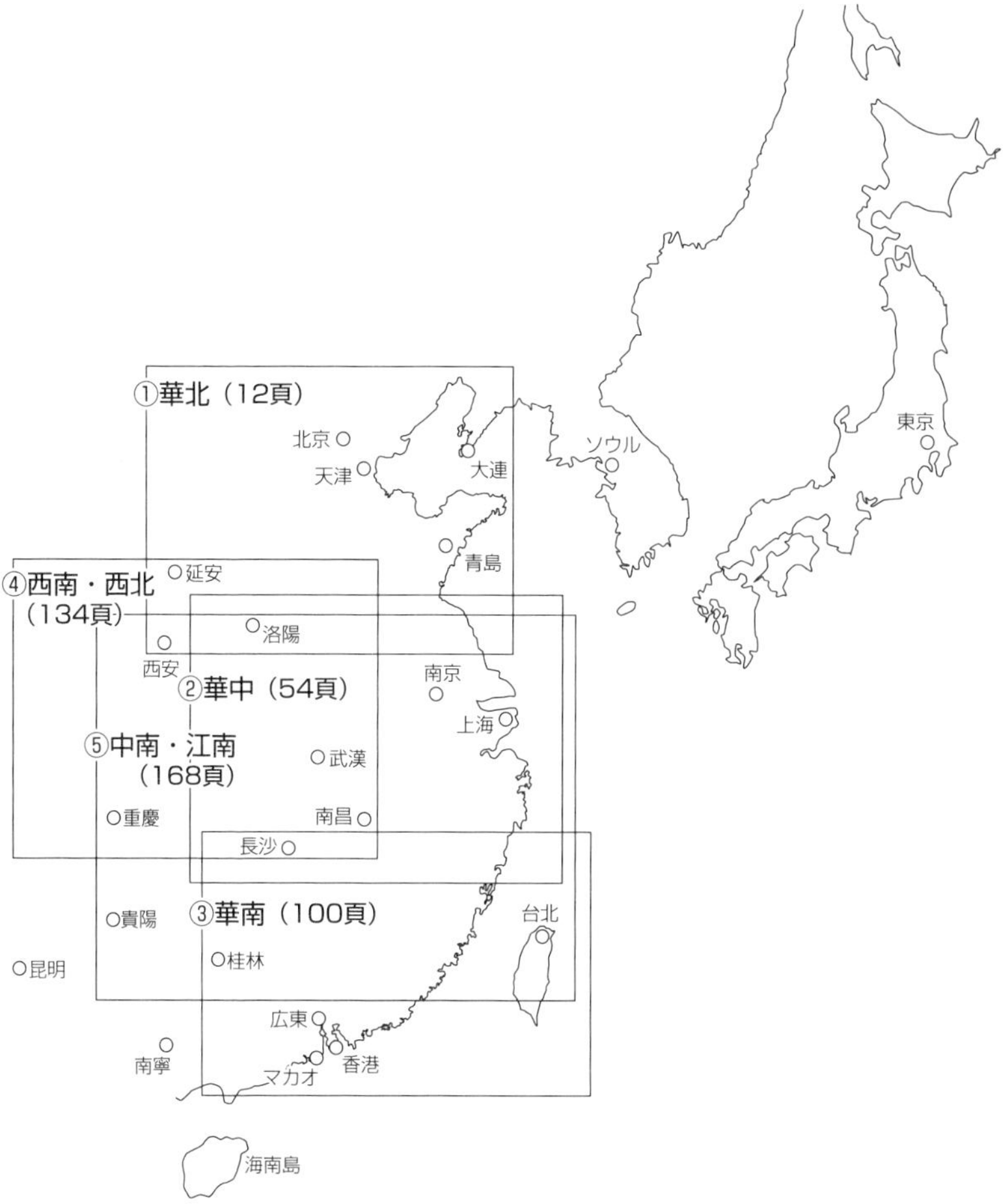

広域概念図　『グローバルアクセス』（昭文社，2004年）より作成

日中全面戦争と華北難民

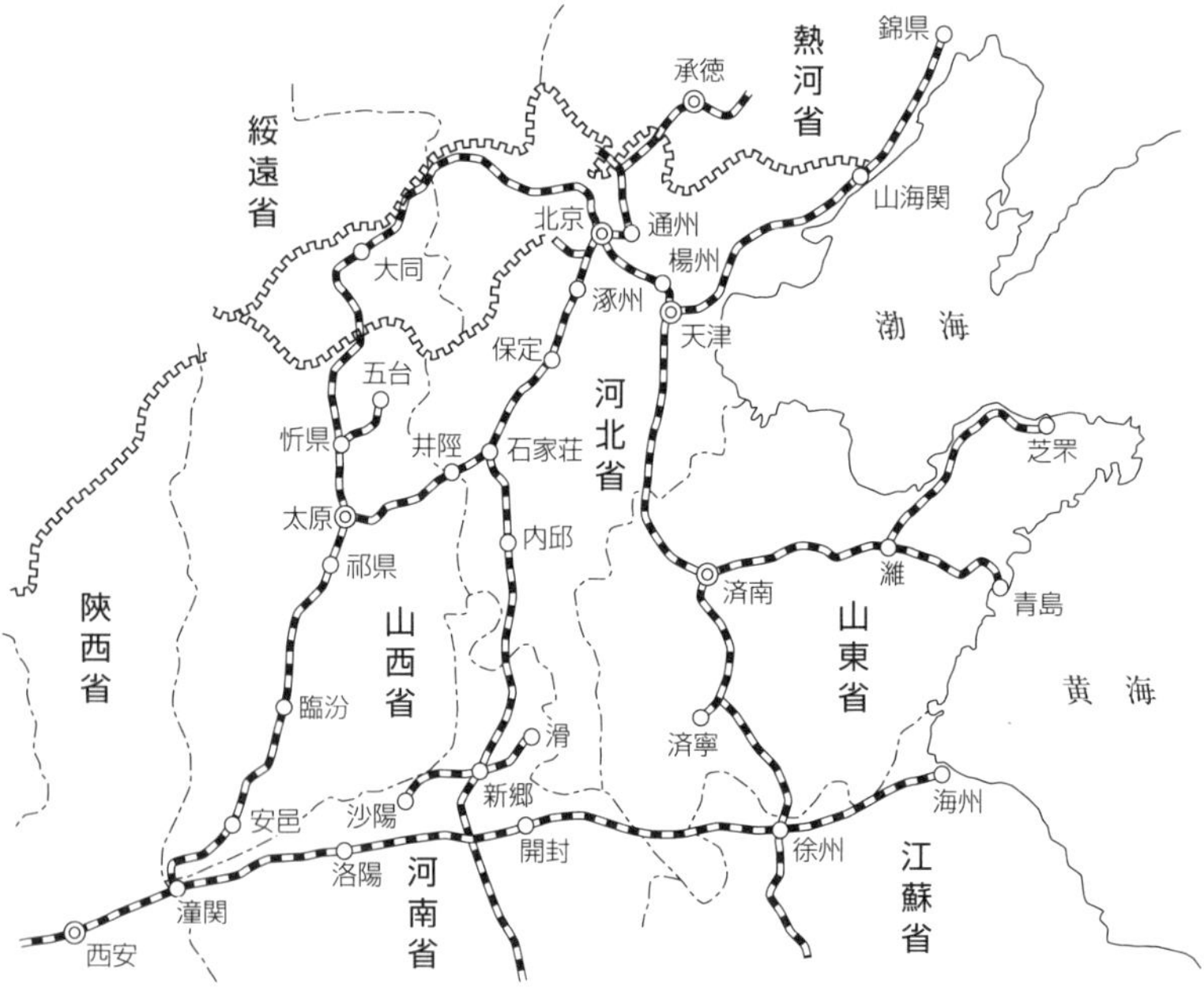

華北略図　「中国全図　1938年」(「読売新聞」1938年10月15日附録）より作成

日中戦争の全面化

ある日戦争がやってきた

日々生産活動を営みながら過ごしていた中国華北の住民は、ある日突然戦争に巻き込まれた。一九三七年七月七日の盧溝橋事件の勃発により、日本軍が華北一帯で中国軍と戦争を始めたからである。住民はそれまでも、匪賊《ひぞく》の侵入や大災害の時に身の安全をはかるためさまざまの対処をしてきた。だが今回の戦争にどう対応するかは未知数であった。おおよそ三つの行動が選択された。

第一は、村落の財産家や役人である。財産家の多くは、より安全と判断された都市部に避難した。役人は身の処し方に迷ったが、国民政府軍や八路《はちろ》軍についていく人々も多かった。

第二は、一般の住民である。農業などの生産活動を維持するためには村落を離れることができないので、とりあえず危険を避けるため近隣に避難した。逃げ遅れて日本軍に遭遇すると、殺されることがあったからである。近くで様子をうかがい、安全が確認されると村落に戻ることになる。村落を占拠した日本軍は、帰ってきた村人を帰来民と呼んだ。村の中でも貧困層の人々は、帰来する割合がより高かった。生活のすべがなく、行き詰まったからである。彼らは一時的な難民であった。

第三は、村落から離れてしまう人々である。他郷に逃れるせよ、八路軍に身を投じるにせよ、そこには未知の困難が予想された。居住地域の状況にも左右された。土地にしばられない都市部では、より積極的な移動が見られた。華北は西側に山脈が連なっていたので、住民が遠く逃れる場合は主に鉄道を利用することになるが、避難先にとりあえずの生活の場を確保できる見通しが立たない人々が多かった。後に見る華中では、大々的な難民の移動が起こることになる。国民政府や中国共産党による難民受け入れ政策が本格化するのは戦争が泥沼化する一九四〇年頃以降であり、それ以前は個別の対応に任されていた。

華北一帯で住民被害が多発したことについての記録が残されている。『河北、平津地区敵人罪行調査档案撰輯　日本侵華罪行実証　上冊』は日本軍による多くの住民殺傷事件の調査記録である。戦場が河北省一帯にひろがった七月二八日に通県《つうけん》の商人が日本軍兵士二名と遭遇して殺された。八月一一日には涿県《たくけん》で豆売りの商人と農民が殺され、一三日には同じ涿県の農民が村に入ってきた日本軍を見て逃げ出した時に殺された。同日他村でも路上で銃殺された。中国社会科学院中日歴史研究中心文庫の謝忠厚編『日本侵略華北罪行史稿』は、華北における日本軍の犯罪の全般を克明にたどっているが、住民に対する事件も取り上げている。一九三七年九月から一九三八年五月までの九か月間に六万人を越える一般住民が殺されたとする。やはり住民は、身の危険を避けるために、いずれにせよ難民化せざるをえない状況が生まれていた。

柳条湖事件から盧溝橋事件へ

なぜこの時華北一帯が戦場になったのであろうか。日本軍が華北に展開するに至った直接の要因は、一九三三年五月に万里の長城の南に非武装地帯を設置することを盛り込んだ塘沽《タンクー》停戦協定が締結されたことにさかのぼる。関東軍は一九三一年九月の柳条湖《りゅうじょうこ》事件後に中国東北に軍隊を展開し、翌年三月に日本の傀儡《かいらい》国である満州国を樹立していた。一九三三年一月に熱河《ねっか》作戦を実施し、華北との境界にある山海関《さんかいかん》や熱河省の承徳《しょうとく》に軍隊を進めたあと塘沽停戦協定を結んだ。関東軍はこの協定を利用して華北分離工作を実行する。すなわち一九三四年以降、資源確保と防共を標榜しつつ華北を中国から分離して日本の影響力を強化しようとしたのである。陸軍中央部は天津に駐在していた支那駐屯軍を五〇〇〇人の独立兵団に増強し、北京近郊の豊台にも歩兵連隊の兵舎を建てて進駐した。一九三七年七月に支那駐屯軍の駐兵地付近で盧溝橋事件が起こったのは、華北分離工作の結果であったともいえる。

関東軍は盧溝橋事件後、強硬論を主張した。植田謙吉関東軍司令官は八月一三日、参謀総長載仁《ことひと》親王と陸相杉山元《すぎやまはじめ》に対し、蔣介石政権を「徹底的に膺懲《ようちょう》」すべきだとの意見を具申した。「容共主義に誤られたる南京政権を屈服させる」か崩壊させて新しい政権に日本の要求を認めさせる、つまり傀儡政権をつくることが必要で、もしそうしなかったら熱河作戦以来の轍を踏んでしまうと述べている。さらに八月二一日には、南京で締結された中ソ不可侵条約に強く反発し、容共政策に深入りした南京政府はもはや防共政策を是認しないだろうから、認識を根本的に改めて新しい中央政権を作るべきだと進言した。関東軍は、対ソ戦備の強化とともに、蔣介石否認と傀儡政権樹立、反共と日独防共協定強化を強く求めた。

参謀本部は対ソ戦準備に戻るために、できるだけ早く和平に持ち込みたいと考えていた。しかし軍事作戦の指揮権が統帥権《とうすいけん》の独立のもとで天皇に直隷《ちょくれい》した軍の独自の権限と認識されていたのに対し、和平を結ぶ権限は広い意味の外交権であり、したがって首相や外務省の主管事項であった。参謀本部が中国との和平を進めるためには、陸軍省の賛成を得られない状況のなかでは、天皇大権に依拠して内閣を引きずる必要があった。参謀本部が、大本営と大本営政府連絡会議を設置し、最終的に御前会議において最高国策を決定するという段取りに賛成したのもこれらの経緯に沿ってのことであった。

全面戦争という選択

日中戦争が中国全土を戦場とする全面戦争になった理由について、江口圭一は次のように指摘している。日本は防共・資源・市場獲得を戦争目的として華北侵攻に踏み切ったが、軍事上の計画は不整備であった。「日本政府・軍の各部分が思い思いに行動」したことが戦争拡大の基本要因になったという。国務と統帥が遊離して明確な方針が採られず、双方がもたれあいつつそれぞれのやり方で戦争拡大を推進したということである。たしかに盧溝橋事件が起こった直後、陸軍中央部（参謀本部と陸軍省）は作戦軍を統制できず、中央部内の意思統一もできなかった。第一次近衛内閣の風見章《かざみあきら》書記官長は、盧溝橋事件勃発五日後の一九三七年七月一二日に石原莞爾《いしわらかんじ》参謀本部第一部長から、近衛首相が南京に行って蔣介石と直接談判することにより問題を解決して欲しいとの電話連絡を受けた。風見は石原の申し入れに対し、統帥部の不統制を内閣に依拠して解決しようとしていると反発し、断った。近衛内閣運営の中心人物である風見は、以後陸軍を掣肘するために内閣の権限強化をはかる。こうした近衛内閣の姿勢が、以後の日中戦争の全面化に果たした役割は大きい。

まず現地で停戦協定が成立しようとしていたときに閣議を開いて大規模な派兵案を決定した。陸軍において対ソ戦優先を主張する不拡大派と中国一撃論をとなえる拡大派が対立するなかで、戦争拡大に道を開いた。八月に入って第二次上海事件が起こり、戦火は華中一帯にひろがった。中国大陸を舞台とする日中全面戦争に帰結した。

次に近衛内閣は、参謀本部が求めていた対ソ戦準備に復帰するために蔣介石政権との和平を早急に結ぶための和平工作の機会を逃した。一一月以前の早い段階で現地の作戦行動を止め、和平交渉を妥結させることができなかった。蔣介石は一二月二日にドイツのトラウトマン駐華大使に対し、華北の宗主権等に手を加えないこと、直接交渉ではなく必ずドイツを調停者として間に立てること、他の条約に影響を与えないことを前提に、一一月二日に広田弘毅《ひろたこうき》外相が通知した日本側の和平条件を講和条約の基礎として受諾すると伝えた。この蔣介石の提案は、一二月八日に開かれた陸軍省部首脳会議で検討されたが、広田の提案後の一か月間に積み上げられた戦果にふさわしい条件ではないと見なし、「蔣は反省の色見えざるものと認」めてこれを拒否した。一二月九日に開かれた閣議は「拓相、文相より蔣政権否認の意見」が出され、「結局南京陥落と同時に首相の声明あり、降伏すれば認めるも其れ以外なれば否認することとな」った。作戦軍による南京への軍事作戦の展開に呼応して、内閣側が蔣介石と和平を結ぶための機会を流してしまった。

さらに近衛内閣は、蔣介石との和平交渉を自ら閉ざした。近衛内閣や陸軍内の参謀本部作戦課以外の部局や作戦軍は、目前の戦果と権益獲得を優先し、蔣介石との和平交渉に一段と消極的になった。一二月一七日に開かれた閣議では、大谷尊由《おおたにそんゆ》拓相が「国民及出先軍に不満なきか」と質し、木戸幸一《きどこういち》文相も蒋介石が「容《い》れざれば国民はおさまらざるべし」と述べた。寛大な和平条件で収拾したら、国民が納得しないことを確認した。これではトラウトマンを介した蒋介石との交渉は進展しない。近衛内閣は一二月二四日の閣議で、参謀本部作戦課の意向を排除して「今後は必ずしも南京政府との交渉成立を期待せず……右趣旨は適当の機会に之を中外に闡明《せんめい》す」という前文を盛り込んだ「支那事変対処要綱（甲）」を決定した。結局一九三八年一月一五日に開かれた大本営政府連絡会議で交渉打ち切りを決定し、翌一月一六日に「国民政府を対手にせず」と声明した。近衛首相も木戸内相も和平交渉の打ち切り問題を国内体制の安定の視点に立ってとらえ、「中途はんぱで、敗戦国のやうな態度で講和に持ち込むことは出来ない、経済もパニックになる」と考えた。近衛内閣は、国家総動員政策に着手している以上それにみあう成果を得ることなしに戦争を終えることはできないと判断したのである。

北支那方面軍の立場

陸軍中央部は関東軍が華北に影響力を強めることを避けるため一九三七年八月三一日に北支那方面軍を編成した。だがその北支那方面軍は、作戦当初の予定停止地点である保定《ほてい》を占領したあと、九月二四日に石家荘《せっかそう》や山西省北部に進軍し、占領地に南京政府に代わる「北支政権」を樹立することを上申することになる。参謀本部支那課と陸軍省軍務課がそれを積極的に支持し、一二月一四日に傀儡《かいらい》政権である中華民国臨時政府を発足させた。作戦軍が軍事的展開を先導させながら中央部の各課と呼応して傀儡政権を樹立させ、軍事占領地を支配領域に組み込んだ。

広大な華北の支配地域の経営を維持せざるを得なくさせた起動力は作戦軍であった。実は作戦軍の権限は、軍の指揮権に関する限り軍中央部より強かった。吉田裕が指摘したように、軍隊の直接指揮権は陸軍の場合は作戦軍司令官、海軍では連合艦隊司令長官にあり、彼らが天皇に直属し、その命令により作戦行動を実行するという仕組みになっていたからである。

華北における作戦軍である北支那方面軍が直面していた課題の第一は、ゲリラ化しつつある敵軍との戦闘であった。「点と線」の支配地域を「面」にしていくことが求められた。第二は、広大な占領地を統治する困難さであった。地域を安定化させるためには、傀儡政権を通して行政機構を再編成し、生産や流通活動を円滑化し、食糧供給を確保する必要があった。第三に、こうした問題解決のための決め手が治安の安定であった。そのために各地で日本軍の指導の下で地域の有力者を代表とする治安維持会を作らせた。

こうした措置は、一九三一年九月の柳条湖事件後に関東軍が中国東北の各地で治安維持会を発足させ、その後傀儡国である満州国を発足させた経験を踏襲したものといえる。日本軍が華北で総攻撃を開始したのは一九三七年七月二八日であるが、二日後の三〇日には北京市に治安維持会を発足させた。八月二日に、日本軍は同会を北京市政府や経済団体などの代表により構成される北平市地方維持会に再編した。前日の八月一日には天津治安維持会もつくった。さらに八月一〇日に、各地の治安維持会と地方行政機関の連絡を図りつつ治安維持と難民救済にあたることを目的とした河北省地方維持連合会を発足させた。同会は一〇月一三日に地方行政委員会と改称され、各県長の任命権を持つことになった。これらの組織と冀東《きとう》政府を合流させて一二月一四日につくられたのが中華民国臨時政府である。臨時政府成立を主導した北支那派遣軍は、統治の対象となる華北一帯の治安維持に邁進せざるを得なかった。

しかし華北全体に治安維持体制を整えることは至難の業であった。逃げまどい、難民化する住民はあとを絶たず、その対応に追われた。ゲリラ化した敵軍を制圧することも困難であった。一九三八年一月から着手された新作戦は、軍事力によって各地を平定するために必要不可欠な作戦であり、当時それを戡定《かんてい》作戦と呼んだ。作戦軍の独走としばしば指摘される北支那派遣軍による新作戦の着手は、華北の治安維持を至上命題とせざるを得ない北支那派遣軍の余儀ない選択の結果であった。同軍の存在意義さえ問われる以上、作戦軍としての北支那派遣軍は、戦線の拡大をともなう本格的な戡定作戦の実施を軍中央部に認めさせるほかなかったのである。

宣撫班と難民

宣撫班の成立と活動

日本軍の占領地に治安維持会を作り、難民を呼び戻す任務を担ったのは宣《せん》撫《ぶ》班であった。宣撫班は、盧溝橋事件直後に占領地の治安維持体制を整備するために編成された。宣撫とは、占領地の住民に統治政策を知らせ、人心を安定させることを通して治安維持をはかることである。一九三二年に南満州鉄道（以下満鉄と表記）総局の八木沼丈夫《やぎぬまたけお》を班長として発足したのが宣撫班の始まりだといわれている。満鉄総局は関東軍司令部の指令を受け、交通と通信を保護するために満鉄の両側五キロ以内にある村々に愛護村《あいごそん》を設置した。この制度が、盧溝橋事件後にそのまま占領地の鉄道沿線にも適用されることになった。愛護村は鉄道・通信の保護義務とともに匪賊《ひぞく》情報を伝える義務を負っていたが、この時あらたに作られた宣撫班はその任務を拡大し治安維持工作全般をになう組織として発足することになる。

支那派遣軍は一九三七年七月二一日、満鉄の八木沼班長を司令部に呼び、宣撫班発足をゆだねた。八月九日には、満鉄社員のうち五二人を指名し、七つの宣撫班を編成した。いずれも満鉄の円滑な運行のために鉄道周辺農村の治安維持を担当した経験者であった。専任の治安工作要員を持たない支那派遣軍は関東軍の手を借り、満鉄の安定した運行を確保するために実施されていた治安対策の方式を急きょ華北の占領地に導入した。少し後になるが宣撫班本部が配布した「宣撫工作指針」には、宣撫工作の目標として「軍出動地域内に於ける交通、通信線を確保し、用兵作戦の完璧を期し、民心を収撫」するとある。実施要目の中心は「民心の安定慰撫」であり、とりわけ「避難民の召還」が重視されていた。そもそも大量に避難した住民が戻ってこなければ、安定した生産も確保できず、治安も不安定なままになるからである。

宣撫班の報告には、多くの場合住民の帰来状況が具体的に記載されている。宣撫班の「工作旬報」の記載要領の第一に「帰来民の状況」があったからである。帰来とは帰ってくることであるが、当時居住地に戻ってきた住民を帰来民と呼んだので、以下その使用法を用いる。記載要領の第二以下は「治安状況」、「商工業方面の状況」、「農業方面の状況」などであった。宣撫班は、戦闘後に占領地に入って地域の安定をはかるための活動を開始するが、とりあえずの任務は居住地の周辺が戦場になったために避難を余儀なくされた住民の帰来状況を確認することだった。宣撫班の活動記録に沿って難民の状況を探ることにしよう。

京漢線沿線の難民状況

宣撫班の最初の配置は、張家口《ちょうかこう》の総本部に一二人、大同の晋北《しんほく》地区班に二〇人、綏遠《すいえん》地区班に二七人であった。関東軍と支那派遣軍による察哈爾《チャハル》作戦が一九三七年八月から始まったからである。九月には察哈爾省の省境まで到達したので、これらの地域で宣撫工作が進められた。

九月以降、北京から漢口に通ずる京漢線沿線と天津から上海に向かう津浦線沿線を中心に、日本軍と国民政府軍との戦闘が頻発した（図1を参照）。京漢線沿線では、第六師団・第一四師団・第二〇師団などで編成された第一軍による涿州《たくしゅう》と保定《ほてい》での戦闘があった。その後戦線は石家荘・徳州へと延びた。宣撫班は第一軍が占領した地域で活動を開始したが、その時の報告内容が第三回宣撫班連絡会議議事録に残っている。住民状況が記入されているいくつかの地域を見ておこう。

高邑《こうゆう》県城の住民は日本軍の行動に強く反発していたので、警察を含む諸機関の職員をはじめほとんどが難民化した。戸数八〇〇戸、人口約四〇〇〇人の村落であったが、五、六〇人が残留していたに過ぎなかった。第二七班長の下で一〇月一五日に治安維持会を発足させた。帰来民を合わせた住民数は二〇〇人になったという。第二七班は、物資が欠乏して困窮していた帰来民の窮民に配給を実施した。

井陘《せいけい》には一〇月二六日に第二〇班が入った。民家はまったく荒廃し、その惨状は筆舌に

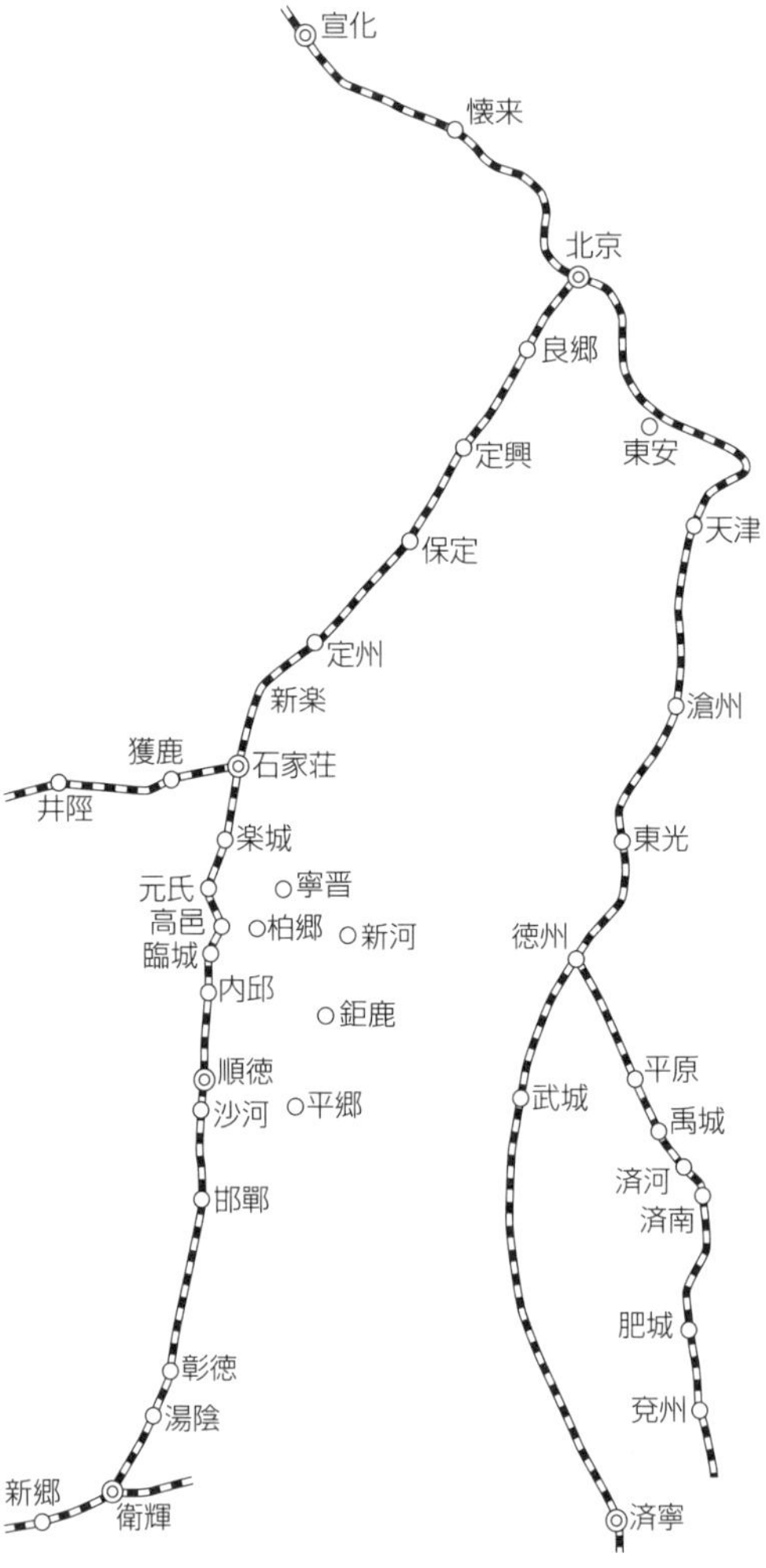

図1　京漢線・津浦線沿線都市図　「直隷省　山東省」（『最新支那分省図』大倉書店，1914年）より作成

尽くしがたかったという。人口二〇〇〇人余の多くは避難していたが、同班は残留者を集めて治安維持会を組織した。

石家荘は人口一一万人だった。一〇月一五日に宣撫班の第三班が入った時、戦災がはなはだしく、住民の多くは避難していた。その後治安維持会と商務会を発足させた。一二月時点の帰来者は二万五〇〇〇人であった。

止定には第四班が一〇月四日に入り啓蒙指導工作を行った。以前の人口は二万四〇〇〇人であったが、そのうち約八〇%が帰来した。

衡水《こうすい》に第一六班が到着したのは一〇月四日であるが、住民はわずかに二、三〇人しか残っていなかった。治安維持会を設立した。住民が順次帰来したので、小学校を開くことになった。

第一五班は一〇月一五日に万碑店に到着した。以前の人口は二〇〇〇人だったというが、わずかに老人の残留者一〇〇人が残っているに過ぎなかった。一〇月二〇日に半分ほどが帰来し、鉄道沿線の高粱《こうりやん》の刈り取りや道路補修に従事した。

津浦線沿線の難民状況

他方、第二軍の第一〇師団は天津と上海を結ぶ津浦線に沿って滄県《そうけん》、徳県へと進んだ。宣撫班の報告を見ておこう。

第二三班は一〇月二七日に滄州に到着した。以前の人口は三万人で、その大半は避難していたが、そのうち八〇%が帰来した。

第二四班は一〇月二四日に東光に入った。事変前は一四五三戸、七八七五人の村落であったが、到着時の残存者は三〇〇人であった。その後一三〇〇人が帰来した。

第一八班が一〇月二日に滄州に入った時、六〇人の難民が回教寺院や外国人が経営する病院や天主堂に収容されていた。住民は徐々に帰来し、生業に従事するようになった。なお滄州陥落前の激戦地となった桃官屯付近では住民の大半が避難逃走し、戦渦と水害による倒壊家屋が多いとの報告がある。

一〇月二九日に青県に到着した第一九班は、教会内に収容されていた難民婦女子二八〇人を帰宅させた。楊柳鎮方面の住民は平均四〇%帰来した。

津浦線沿線では、教会や寺院に難民の収容所が置かれていたという報告が目立つ。

宣撫班本部が発足した八月二九日から、宣撫工作の中心は第一期宣伝計画に沿って満鉄方式を継承した鉄道愛護村に置かれた。しかし戦線が河北省や山西省一帯に急速に拡大するなかで、広範な日本軍占領地に対応する必要に迫られた。そこで作戦部隊に同行する従軍宣撫班とは別に現地班が設置された。現地班は拠点ごとに配置されたので、定着宣撫班ともいわれた。一九三七年一二月末時点で現地班は六六、特殊宣撫班は二で、全部で八〇の班が編成されている。班員は日本人五三四人、中国人二九五人の合計八二九人に増えた。

対象範囲も、京漢線や津浦線に加えて、北寧線・京津線・正太線・同蒲線沿線にまで拡大した。

一九三七年末の華北難民状況

一二月八日に開かれた第四回宣撫班連絡会議において各宣撫班から報告された各地の住民状況を一覧表にしたのが表2である。

この一覧表を見ると、まず居住地が荒らされたり爆撃を受けたりしたところでは帰来者はとりわけ少なかった。正定・石家荘と太原を結ぶ正太線沿いは軒並み帰来率が低く、楡次《ゆじ》は五％、平定は一七％である。北京周辺では爆撃により家屋が破壊された高碑で一七％、良郷《りょうきょう》でも難民が続出したという。

第二に、その一方で津浦線の定興《ていこう》には難民が入り込み、四〇〇〇人の人口が六〇〇〇人になった。楊県でも五〇〇〇人の人口が八〇〇〇人に増えた。北京市など大都市周辺の方が戦場になったり爆撃を受けたりする危険性が低いと判断され、多くの難民が流入することになった。

第三に、少数であるが多くの住民が帰来した地域もある。京漢線の順徳の帰来率は八〇％、正太線の獲鹿《かくろく》は八六％、津浦線の定県は九〇％であった。望都《ぼうと》はほとんど帰来したという。

第四に、それ以外の地域の帰来率は、戦場の状況に大きく左右されたので、ほぼ三〇％

表2　河北省・山西省の難民状況（1937年12月）

鉄道名	地　名	1937年7月以前	宣撫班到着時	1937年12月帰来現住者数	備　考
京漢線	衛　輝	18,900		17,000	
	邯　鄲	15,000	300	5,000	収穫7割
	順　徳	50,000	50	40,000	
	内　邱	2,500	60	1,750	愛護村63村
	高　邑	5,100	50-60	4,600	
	元　氏	6,000		3,000	
	石家荘	110,000		25,000	
	正　定	24,000		21,600	
	新　楽	5,300		3,390	
	定　県	4,900		4,500	治安楽観できず
	望　都	4,000			ほとんど帰来
	保　定	93,000		70,000	
	徐　水				帰来者8割
	定　興	4,000		6,000	他から避難民
	高碑店	3,000		500	爆撃による家屋破壊
同蒲線	忻　県	10,000	1,400	2,400	
	祁　県	60,000			荒廃のまま
	太　谷	19,000		2,000	
正太線	楡　次	18,000	100	900	
	壽　陽		10	1,000	
	陽　泉	7,900		2,000	
	平　定	18,000		3,000	
	娘子関	10,000			
	井　陘	2,000		500	炭鉱2500人残留
	獲　鹿	14,000		12,000	
	萬　城	3,500	300	900	
津浦線	平　原	20,000		10,000	
	陽　県	30,000		25,000	収穫3割
	楽　園	6,000		4,000	収穫4割
	連　鎮	12,000		4,000	
	東　光	7,000		5,400	
	泊　頭	20,000	10,000	18,000	
	滄　県	33,000		28,000	収穫8割
	唐官屯				帰来者青海県8割，他4割
	独龍鎮	18,000		14,000	治安良好
北京周辺	北京近郊				道路工事に300万人動員
	楊　県	5,000		8,000	他から避難民
	良　郷				避難者続出
計		659,100	12,280	343,440	

注　支那駐屯軍「第三・四回宣撫班連絡会議議事録」より作成．単位は人．

から七〇%の間であった。

この会議の議事録に人口が具体的に記載されていたものを合計すると、一九三七年七月以前の人口が五五万九一〇〇人、宣撫班到着時の人口が一万二二二〇人、一二月初旬までに帰来していた人口が三四万三四四〇人である。日本軍が侵攻するなかで多くの住民が一時避難したこと、ただ戦闘が終わると六割以上の人々が居住地に戻ったことがわかる。しかしその時点で、全体の三分の一以上を占める二〇万人余の人々が居住地に戻っておらず、難民として各地に散らばっていった。帰来民の生活状況は厳しく、多くの村で物資が不足した。生産活動は再開されたものの、農業生産物の収穫量は例年の四〇%前後のところが続出した。

戦面の拡大と難民

戦面の拡大にともなう難民の状況を現地で見聞した二つの記録を紹介しておこう。まず保定の状況である。一九三七年七月から八月にかけて、支那駐屯軍は天津と北京周辺での戦闘後、戦線を津浦線と京漢線沿いに拡大していった。日本軍は保定戦後の九月二四日に保定に入った。城内の居住者は四〇〇〇人内外で、その後五万二二四八人に増えたと記されている。宣撫班の第八班が一〇月三日に治安維持会を発足させ、二三日に保定地方維持会を正式設立させた。独立軽装甲車第二中隊長であった藤田実彦は、保定の住民や難民の状況について『髯はほほ笑む』に次のように記している。

保定に来て一月余りのうちに……保定城内外の市民も七、八割方は帰ってきたが、しかしそれらは遠方へ長時日避難する余力のないものが大部分で、帰還せねば生活して行くことが出来ないから、やむを得ず帰ってきたと言ってもいいかも知れないものが大部分で、後の二、三割は有産者有識者で外国租界や洛陽、漢口方面に避難したものや、役人や民間有識者で抗日戦線に立って活躍していて全然帰還する見込みのないものが大部分であった。……帰還したいにも帰るべき家のないものも相当あって、それらは保定城内外の難民収容所に収容されていた。その数だけでも五、六千あるという。難民収容所のうちで、一番大きなのは米国系旧教会経営の米華中学校と福音病院とであった。

藤田は、保定の南門外の難民収容所に転用されている米華中学校に視察に行った。彼の記したところでは、その難民収容所施設には保定戦の直後には四〇〇〇人ほどいたが、視察時は二〇〇〇人程度であった。男女別々の部屋だったが、彼が女子と子供の部屋に入った時、異様な光景に打たれたという。

アンペラ〔筵〕を敷いた部屋もあれば土間や板敷のままの部屋もあった。どの部屋もどの部屋も難民の婦女子で一杯で、横たわる余地もない位である。皆の前後や左右には土や埃が一杯ついた煎餅布団がクシャクシャに置いてある。女たちは立膝ともつかぬ格好で座っているもの、両足を投げ出しているものたちが幾つかのグループをなしているかのように寄り添って寒さに震えている。

保定では、米国系の教会が難民の支援のため難民収容所を運営していた。ただ日中全面戦争の初期における他の地域の難民収容所の状況はよくわからないことが多い。宣撫班はまだ難民救済に対処していなかった。一九三七年一〇月付の中国紅十字会の報告によると、中国国民政府が一〇余の省と都市を特別地区に指定し、国民党支部・紅十字会支部・医業団体・医業機関・商業会議所による救護活動のための団体を組織したというが、華北の難民収容所の設置についてはふれられていない。なお、紅十字会とは中国の赤十字団体のことである。

難民収容所の設立について分析した王春英によると、一〇月末までに民間の難民収容所に一九万三三五〇人が収容されたという。八月上旬には北京の仏教急振会が一二か所の難民収容所を設置した。上海戦が始まると上海国際救済委員会による難民収容所が九〇か所つくられた。一九三七年一二月末までに六〇〇か所の難民収容所に約一〇〇万人が収容されたという。いずれも当時の新聞や雑誌の記事によるものである。

日本軍は、一〇月には、中国軍の主力を追って石家荘や太原での作戦を実施した。華中ではすでに八月一三日から上海派遣軍により上海戦が始まっていたが、山西省では一〇月以降第一軍と第二軍により大規模な戦闘が行われた。第一軍の第二〇師団の戦闘詳報は、住民のほとんどが避難していたと記している。また第一〇八師団の戦闘詳報によると、浮山《ざん》や翼城《よくじょう》の村々では残留者はいなかったが、汾西《ふんせい》などでは若干の残留者がいたという。一九三七年中のこれらの事例のいずれも、日本軍が村に入った時には住民のほとんどが避難していて、村はもぬけの殻になっていたことを示している。リリー・アベッグ『重慶』によると、住民は帰来して建物を再建し、農業を再開したが、より大きな困難に直面せざるを得なかったという。少し長くなるが、以下に引用する。

激戦地は大抵一時無人の境となるが、戦闘が終わると、百姓は背に肩に全財産を担ってどこからともなく出てくるのは誠に驚くべきものである。そして雑草の茂るに任せ、荒れ果てた田畑も、数週間とたたぬうちに青々と穀物が芽生えてくるのである。南京、上海間の農家のあたりも、ただ主人を失った犬がうろついているだけで、かつてはジャンクの輻輳で活気を呈していた多くの運河、湖水、河川は、戦争ですっかり火の消えたようになってしまったが、数週間後には再び元通り、どこからともなく無数のジャンクが浮かび出してくるのである。

百姓は炭になった彼らの家の廃墟から何か探し出し、二、三日中に石や粘土で仮の住居を造る。いや、船や人間ばかりではない。あの魯鈍な水牛さえも出てくるのであるが、一体この獣たちが戦争中どこに隠れていたのだろう。

再び我が家に戻ってきた百姓たちの辛苦は、筆舌に尽くしがたいものがある。彼らは百姓道具を手に入れる金もなく、持っているものはわずかに種だけである。戦争のために蒙った破壊と不幸に驚き悲しむよりも、荒廃した田畑が、かくも速やかに復興して行くことの方が、はるかに大きな驚異である。

実際には決して全部戻ってくるというわけではない。戻ってくるのはそのうちの一部分である。飢餓と病気のために、ほとんどどの家族でもその幾人かを失っている。そしてもとの所に帰ってきても、平和は容易に訪れず、戦争の浪はまたも彼らのいる所へ押しよせてくる。

村落に戻り農業に復帰したのは一部の住民で、なお戦争の影響の下にあったと記している。リリー・アベッグはスイス人で、一九三七年からリヒャルト・ゾルゲとともに「フランクフルター・ツワイトニング」紙の特派員として日本に滞在していた。中国での取材歴は不明であるが、その著書である『重慶』では北京から南京を経て重慶に至る間の住民の動向を観察し、難民の動向に逐次ふれている。

華北の治安戦と難民

増加する難民と治安戦の着手

盧溝橋事件直後の華北では、日本軍が通州・保定・石家荘・綏遠・太原などに進駐した。一九三八年に入ると山東省の曲阜《きょくふ》・青島《チンタオ》・芝罘《チーフー》など、四月には徐州作戦で徐州・開封などを占領した。一九三七年一二月に日本の北支那方面軍の意向の下につくられた中華民国臨時政府によって、事実上の日本占領地域が華北一帯に形成された。この段階で戦災を逃れて難民となった住民の全体像は不明であるが、日本軍の宣撫班が調査した鉄道沿線都市人口の推移についての資料がある。

盧溝橋事件（一九三七年七月）前の京山線・津浦線・京漢線・同蒲線・隴海《ろうかい》線・膠済《こうさい》線沿線（およそ河北省・山西省・山東省・河南省北部）の主要都市の人口と一九三九年四月現

在の人口を比較すると、盧溝橋事件前の人口の合計六三三万人に対し、一九三九年には五七八万人となっている。約五五万人がその間に減少した。北京市は一五六万人から一六二万人に増加するなど、一部の大都市には難民が流入して人口が増加したところもあるが、日本軍が進駐した都市では人口が激減した。一九三七年七月以降に進駐した京漢線沿線諸都市のうち、保定は二五万人から一五万人に、順徳は一〇万から八万人に減少した。いずれも城内人口より相当多いので、城外居住者を合わせた人口であろう。保定の人口減少は、同市が国民党の行政機関の拠点だったので、官僚や大商人などが住民を引き連れて大挙避難したことによる。通州は五万五〇〇〇人から三〇〇〇人に激減した。一九三七年七月二九日に起こった通州事件（中国人の冀東《きとう》防共自治政府保安隊による日本軍守備隊や日本人居留民への襲撃事件）の報復を恐れた住民が一挙に避難したからである。

一九三八年一月から日本軍が進駐した山東省の青島など膠済線沿線の都市を見ると、青島が五七万人から四九万人へと八万人の減、芝罘が一七万人から二万人へと一五万人の減少であった。周村が四万人増えているが、全体として一八万人の減少である。徐州会戦に巻き込まれた隴海線沿線都市では、徐州で三万人弱、開封で六万人弱、亳県《ごうけん》で八万人弱の減となり、全体で二〇万人以上の人口減であった。一九三八年半ばには華北で日本の占領地が成立した。ここでいう占領地の範囲は、華北で中国聯合準備銀行券の通用する、河北省・山東省・山西省・河南省の東北部四〇県と蘇淮《そわい》地区二〇県であった。

　一九三八年一月に着手された河北戡定《かんてい》作戦は山西省と河北省を含む地域が対象であった。そのうち河北省では第一四師団が二月一一日に彰徳を出発し、衛輝《えいき》・新郷を経て二二日に済源まで達した。その後石黒支隊が曲沃《きょくよく》へ、酒井支隊が緯県に進んだ。その間第一六師団は高邑《こうゆう》・邯鄲《かんたん》間の警備を担当している。また第一〇八師団は二月一三日から撫安、路安を経て臨汾《りんふん》・陽泉・昔陽《せきよう》一帯まで歩を進めた。いずれも河北省と山西省の南部方面で、黄河の北側までを日本軍の支配地域とする意図があった。だが図2の一九三八年三月末現在の北支那方面軍の後方地域治安状況の要覧を見ると、京漢線・津浦線・同蒲線・膠済線に沿って治安確立地域が示されているものの、同作戦が実施された黄河以北の地域は含まれていない。日本軍による治安体制がまだ整っていなかったのだろう。一九三八年五月の北支那方面軍の報告でも、北寧・京漢線など鉄道沿線の一般住民が生活難により難民化していると指摘されていた。

　このように河北省をめぐる一九三八年一月からの治安作戦の状況を一瞥すると、二月中旬に大本営が指示した戦面不拡大の方針が現地の状況にまったく対応していなかったことがわかる。現地軍は華北一帯の治安維持体制確立のために軍事行動を拡大せざるを得ないと認識した。その結果広範囲の住民を難民化させ、地域の生産体制の維持を困難にした。

日本軍は支配地域の拡大をはかるため、軍事行動の範囲をさらに拡大していくことになる。

河北省作戦地の難民

杉山部隊本部は一九三九年八月に河北省の住民動向調査をとりまとめた。杉山部隊とはこの時期の北支那方面軍の通称である。第一次近衛内閣の陸軍大臣であった杉山元は一九三八年一二月から北支那方面軍司令官になっていた。調査を担当した宣撫班は北支那方面軍本部に直属していたので同報告には杉山部隊本部名が記された。この時点で河北省の宣撫班は六七、山東省は五三、山西省は六〇で、班員は日本人一三六三人、中国人一〇〇八人の合計二三七一人であった。

河北省の場合、北部の治安体制が比較的機能しているのに対し、中南部から南部へと行くにつれ不安定になっていると報告された。それは先の図2において、「治安確立しある地域」の範囲が北部の一帯では広範囲の「面」としてひろがっているものの、中南部では狭まり、南部ではほとんど鉄道沿線のみになっていることからも裏付けられる。この報告に即して各地域の住民の動向を整理したのが表3である。北部とは北京と山海関の間を結ぶ京山線の沿線都市一帯であるが、各地域とも盧溝橋事件後に住民は「ほとんど離散しなかった」とある。中南部では離散しなかった地域、避難したが帰来した地域、ほとんど離散した地域が混ざっている。

同報告が指摘していることであるが、住民がほとんど離散しなかった地域は、日本の華

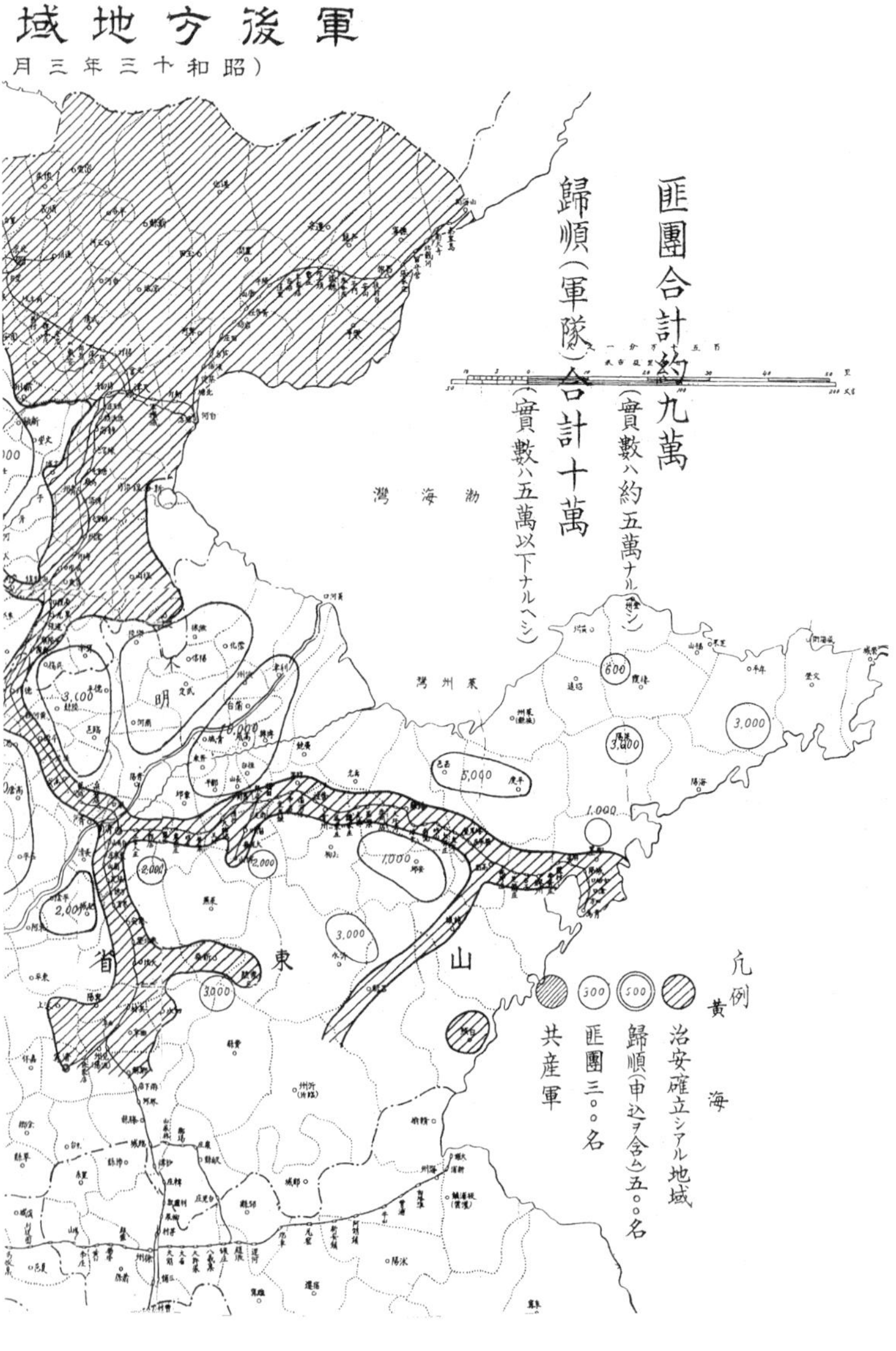
軍後方地域
(昭和十三年三月
匪團合計約九萬
歸順(軍隊)合計十萬
(實數ハ五萬以下ナルヘシ)
渤海灣
萊州灣
山東省
黄海
凡例
治安確立シアル地域
歸順(申込ヲ含ム)五〇〇名
匪團三〇〇名
共産軍

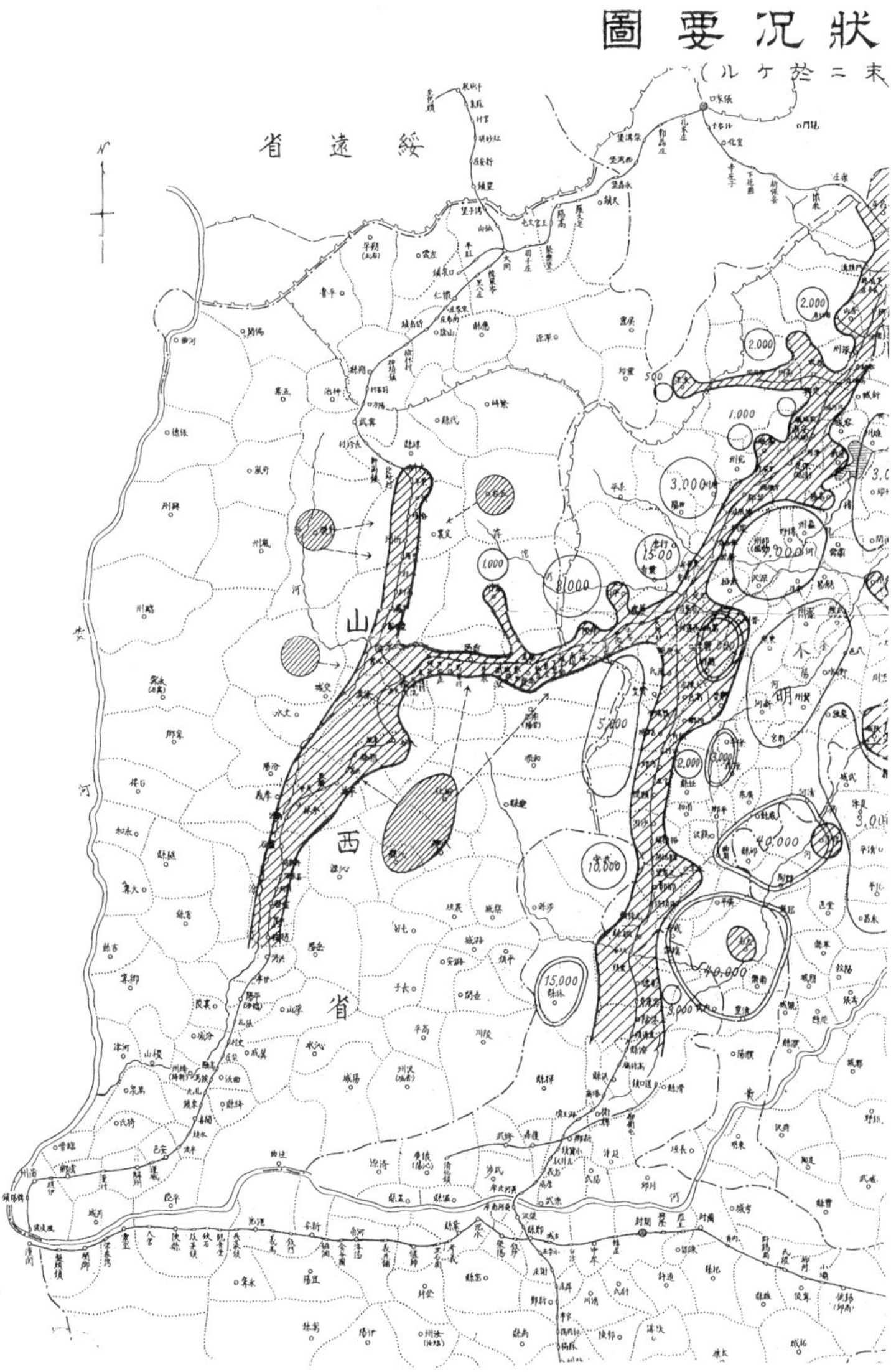

図２　華北の治安状況（1938年３月）「北支那方面軍　後方治安状況」
防衛省防衛研究所所蔵，JAGAR：C11110932700

表３　河北省作戦地の住民動向（1939年８月）

防衛地区	県名	住民避難状況
北部防衛地区	昌黎	ほとんど離散しなかった
	盧龍	同上
	遷安	同上
	灤県	同上
	楽亭	同上
	豊潤	一時避難したが有産者を除き帰村した
	玉田	ほとんど離散しなかった
	撫寧	同上
	遵化	同上
中北部防衛地区	武清	一時近隣に避難後帰村した
	安次	同上
	寧河	有産者の少数を除きそのまま居住した
	天津	同上
	覇県	老人以外はほとんど逃避した
	新鎮	婦女子は近隣に逃避したが他はそのまま居住した
中南部防衛地区	一般	抗日意識強く住民は中国軍とともに撤退した
南部防衛地区	一般	一般に離散した

注　杉山部隊本部「河北省東部に於ける作戦地の住民及び物資状況」より作成.

北分離工作と冀東密貿易の舞台となった旧冀東地区である。これらは「満州国に準ずる地区」と位置づけられ、各県に日本人顧問が配された傀儡的な政権の下にあった。一九三五年頃から冀東貿易により経済活動が活発化していた。したがって戦闘はほとんど起こらず、住民に避難する必要がそれほど生じなかった。ただ一九三八年四月に徐州作戦が実施されると、これらの地域の警備を担当していた山下兵団の一部である末松兵団や中島兵団等が動員され、治安体制に穴が空いてしまう。同年七月から八月にかけて八路軍がこの地域にも登場した。八路軍とは華北で抗日戦を展開した中国共産党の軍隊である。

その後も日本側では漢口作戦などのためさらに兵団が抽出された。再びこの地域の治安が安定化するのは、これらの作戦終了後に本間兵団が冀東地区の警備に戻ってからである。北京は比較的安全な場所と見なされた。他方保定の東南を流れ白河に至る大清河沿岸地区は湿地帯で匪賊が隠れていると見られた。そこで一九三九年に入ってから日本軍がこの地域に分散配置されたが、なお安定化しなかったという。

二つの事例をあげておこう。第一は石家荘の南東にある寧晋《ねいしん》県である。一九三九年一月の「宣撫旬報」によると、商業中心地の寧晋県に毛利部隊が入ったのは一九三九年一月一日であるが、それ以前の九か月間は八路軍が駐屯していたという。他県から来た商人や役人、警察隊員などは逃走した。住民も避難したが、逐次帰来しつつあった。人口一万四〇〇〇人であったが、その時点で約九〇〇〇人が生活するようになり、市場も開設された。ひとまず治安体制が整備された例である。

次は一九三九年二月の歩兵九旅団の「陣中日誌」である。二月三日に支隊本部が山東省武定県公署に入り、近隣の治安活動を開始した。河北省に隣接する海沿いの地域であるが、付近は荒蕪地の寒村で物資極めて乏しいと観測された。霑化《てんか》地域（浜州《ひんしゅう》市）の治安は回復されず、住民はさらに漸減しているとのことで、徹底した討伐を実施することが宣撫の要件であるとの報告であった。

河北省の中南部と南部は鉄道沿線に後備歩兵二個大隊が配備されていた。宣撫班による津浦線沿線都市人口の報告では、一九三九年四月時点でそれほど減少した様子は見られない。だが先の調査では、住民は中国軍とともに撤退したとか、離散したままだと記されている。この記述は鉄道沿線都市のことではなく、農村地帯のことだったのだろう。図2に示されているように、河北省中南部や南部一帯では沿線都市以外には日本軍による治安体制が整っていない空白地域がひろがっていた。

山西省戡定作戦下の難民

一九三八年一月八日、北支那方面軍司令官寺内寿一《てらうちひさいち》は膠済線沿線と済南上流の黄河左岸地域への作戦の実施を指令した。前月の一二月一四日に北京で中華民国臨時政府が発足したのに歩調を合わせて、華北一帯の統治体制を整えざるを得なかったからである。第一軍の作戦計画は河北戡定作戦と名付けられたが、実際の戦場はほぼ山西省であった。二月以降第一四師団が黄河に近い新郷、第二〇師団がその北にある臨汾・蒲州《ほしゅう》での作戦が発動された。これらは改めて南部山西省戡定戦とされた。三月に入ると、第二〇師団の担当地域は山西省南部、第一〇九師団は太原、第一〇八師団は路安、第一六師団は高邑・彰徳などとされ、占領地としての確保と治安の維持が求められた。

このとき同蒲線の候馬鎮《こうばちん》で宣撫活動をした梅津兵団第七兵站部の騎兵中尉生駒勇の手記によると、候馬鎮のあまりにも荒れ果てた姿に呆然としたという。三月一三日に軍用列車がはじめて開通したが、人口二〇〇〇人のこの町の住民はすべて逃亡してしまって姿が見えなった。候馬鎮周辺の農村も老人などが若干いるだけで住民は皆無だったという。「私が今日まで通ってきた町で、この町ほど極端に荒廃し切った町は珍しかった」と書き残している。難民化した候馬鎮の住民は、なかなか帰らなかった。身の安全が確認できなかったからである。そこで中尉はやっと一五人ほどの住民を無理矢理連れ出し、日本軍が味方であることを伝えた。治安維持会をつくり、六〇余人に良民証を交付した。良民証とは、住民が避難先から住居に戻る際に日本軍に敵対的であるかどうかを厳重に審査し、「性質良好」であると判断された場合に発行される、居住が許可された住民の身分証明書であった。大部分は貧民層だったので、食糧などの救済を求めてのことだったと生駒は記している。有力者を見つけて分会長に据えると、住民の不安感は徐々にやわらぎ、良民証交付を求める住民が毎日一〇〇人、二〇〇人と増えていった。住民は、良民証を得なければ元の生活に戻れなかったのであり、やむを得ない選択だったのだろう。生駒中尉は、住民大会を開かせ、小学校を再開させた。だがそれもつかの間で、五月上旬に中国軍が侵入して戦闘となり、住民は再び四散してしまう。日本軍は一時退去したが、態勢を立て直して七月上旬に同地に復帰した。

この手記は杉山部隊本隊が一九三九年六月以降にまとめた「治安工作経験蒐録」に掲載されている。

山西省中南部の難民

宣撫班の人口集計表はいくつかあり、同じ都市であっても異なる数字が示されていることがある。山西省の中心都市である太原がその例で、一九三九年四月の人口が二〇万人となっている資料がある一方で、一八万人という記述もある。表4によると太原は作戦直後二〇〇〇人の住民のほとんどにあたる一九万八〇〇〇人が避難していたことになる。統計値のあいまいさはあるが、太原の住民は戦闘が近づくと一斉に避難し、安全だとみなされると徐々に戻り、さらに近隣の住民も一部流入したのであろう。

太原周辺の作戦は当初第一〇九師団が担当し、三月以降は第一〇八師団が警備を担うことになった。第一〇九師団の報告によると、住民の大部分は戦渦を恐れて避難するので、日本軍が入った時にはキリスト教会関係と不具者等以外の住民はいなかったという。八路軍の駐屯地では住民は四里から五里離れた山中の洞穴や僻地の村に避難することが多かった。日本軍が村に入ってからまず帰来するのは貧困者で、次に中程度の階層者であるが、有識者や富豪、女子は帰来しなかった。

第一〇八師団の報告でも、住民は日本軍進出のうわさを聞いたとたんことごとく逃走するので、ほとんど残留者がいなかったという。同師団が通過した時の状況を逐次再現しよう。一九三八年七月に清化鎮《せいかちん》から翼城まで通過したとき、各村にはいずれも老人等一、二人のみが残っているのみで、あとはすべて避難していた。一九三九年二月に翼城に入ったが、城壁や家屋は廃墟になっていた。キリスト教牧師のところに避難民若干名がいたが、他の住民は皆無であった。浮山に初めて入ったとき住民はまったくいなかった。安沢では老人等四人が残っているのみだった。汾河から万安鎮の間では若干の住民が残留していた。一九三九年二月以降の三か月間に翼城・浮山・安沢では帰来民は皆無で、汾河以西では若干の帰来民がいたという。

表4には、それ以外の部隊を中心とした報告の概要を掲載した。状況にばらつきは見られるが、戦闘が起こることが察知されるとほとんどの住民が避難したことが明らかである。山西省の作戦地では日本軍が治安を回復させたと見なす地域では一部帰来者が出たものの、多くの住民は帰ることができず、難民として避難場所で不安定な生活を維持せざるを得なかった。

表5は杉山部隊本部がまとめた一九三九年における山西省の作戦地における住民の動向

である。候馬鎮は先にみた生駒勇の手記とは異なり、戦前人口が一〇〇〇〇人となっている。作戦直後に皆無になったのは同じである。同表によると、作戦地における元の人口は二八万一〇〇〇人だったが、作戦直後に一万五二五〇人になったという。全体の九五%にあたる二六万五七五〇人の住民が難民化していた。その状況について第七師団一兵站司令部は、激戦地ほど住民離散の程度が激しく治安の回復に時間がかかったこと、霊石《れいせき》から太原まで

帰村民と治安の状況	物　資　状　況
治安維持会設置	一部あったが減少
	秘匿物以外なし
な　し	な　し
な　し	な　し
な　し	
若干あり	
若干あり	
下層民6～7割帰来	少量の野菜・穀類等あり
な　し	山地に入ると物資あり
な　し	
な　し	
治安維持会設置	羊鶏豚比較的多い
逐次帰来	山間地区は相当豊富
不　良	
不　良	な　し
治安回復	小麦・粟豊富
治安回復	綿・野菜あり
治安回復	な　し
治安回復	高粱少量
治安不良	
治安不良	
治安不良	小麦相当あり
治安不良	
治安不良	毛皮・棉花多数
徐々に帰来	獣肉・野菜等のみ
治安不良	木材相当あり
相当回復	徐々に豊富化
逐次帰来	相当あり
相当回復	近来絶無
相当回復	物資豊富
治安不良	物資少量

表４　山西省作戦地の住民状況

部　隊　名	場　所	避難民の状況
20師団	山西省全般	ほとんど避難
108師団	清化鎮－翼城 翼　城 浮　山 安　沢 汾　城 汾　西	ほとんど避難 基督教会に若干避難者あるが他は避難 全員避難 老齢者四人残留のみ 全員避難 若干残留
109師団	山西省中部一帯	不具者等残留他は４～５里の地点に避難
独立混成３旅団	軒崗鎮 榊　池 寗　武	ほとんど避難 ２～10里の地に避難 全員避難
独立混成４旅団	正　太	山地に避難
独立混成９旅団	太　谷	近くの山間に避難
７師団１兵站部	霊　邱 大営鎮 太　原 平　遙 介　休 霊　石 霍　県 臨　汾 曲　沃 候馬鎮 新　絳	150人在留 全員避難 2000人在留 3000人在留 6000人在留 全員避難 100人在留 1000人在留 3000人在留 全員避難 全員避難
16師団１兵站部	北部山西省 寧　武	宣教師保護者と老人の他避難 300人全部老人
11師団３陸上輸卒隊	運　城	ほとんど避難
11師団４陸上輸卒隊	臨　汾	養老男女160人以外は避難
７兵站輜重兵隊		有産者避難，山間地離散者多い
３師団３兵站輜重兵中隊	正太線以北 正太線以南	全員避難

の平地は治安の回復が順調だったが、霊石から忻《きん》県の間は地形が複雑な山岳地帯が多く治安の回復は容易ではなかったと報告した。

治安不良 治安不良 治安不良 治安良好	 ほとんどない 穀類・野菜相当ある 野菜・馬糧豊富
	馬糧豊富
数日で帰来	欠　乏
治安回復とともに帰来	物資欠乏
治安回復とともに帰来	物資秘匿
治安良好 治安不良	物資豊富
	ほとんどない
良民逐次帰来	ほとんどない
治安良好	燃料・生野菜欠乏

3師団3兵站輜重兵中隊	陽泉－五台 和順一帯 盂県一帯 陽泉－壽陽	全員避難
9師団1兵站輜重兵中隊		ほとんど避難
2師団7輸送監視隊		ほとんど避難
兵站自動車36中隊		
兵站自動車38中隊		
兵站自動車44中隊		
兵站自動車90中隊	汾　陽 汾陽－離石	避難せず ほとんど避難
兵站自動車46中隊		全員避難
兵站自動車隊(隊号不明)		全員避難
兵站自動車88中隊		山麓部落に避難
兵站自動車89中隊		ほとんど避難

注　杉山部隊本部「山西省に於ける作戦地の住民及び物資状況」より作成.

表5　山西省作戦地住民人口（1939年）

	戦前人口	作戦直後人口	増　減
霊　邱	10,000	150	-9,850
太　原	200,000	2,000	-198,000
平　遥	20,000	3,000	-17,000
介　休	15,000	6,000	-9,000
霊　石	5,000	0	-5,000
霍　県	5,000	100	-4,900
臨　汾	15,000	1,000	-14,000
曲　沃	10,000	3,000	-7,000
候馬鎮	1,000	0	-1,000
計	281,000	15,250	-265,750

注　杉山部隊本部「山西省に於ける作戦地の住民及び物資状況」より作成.

華中の戦場と難民

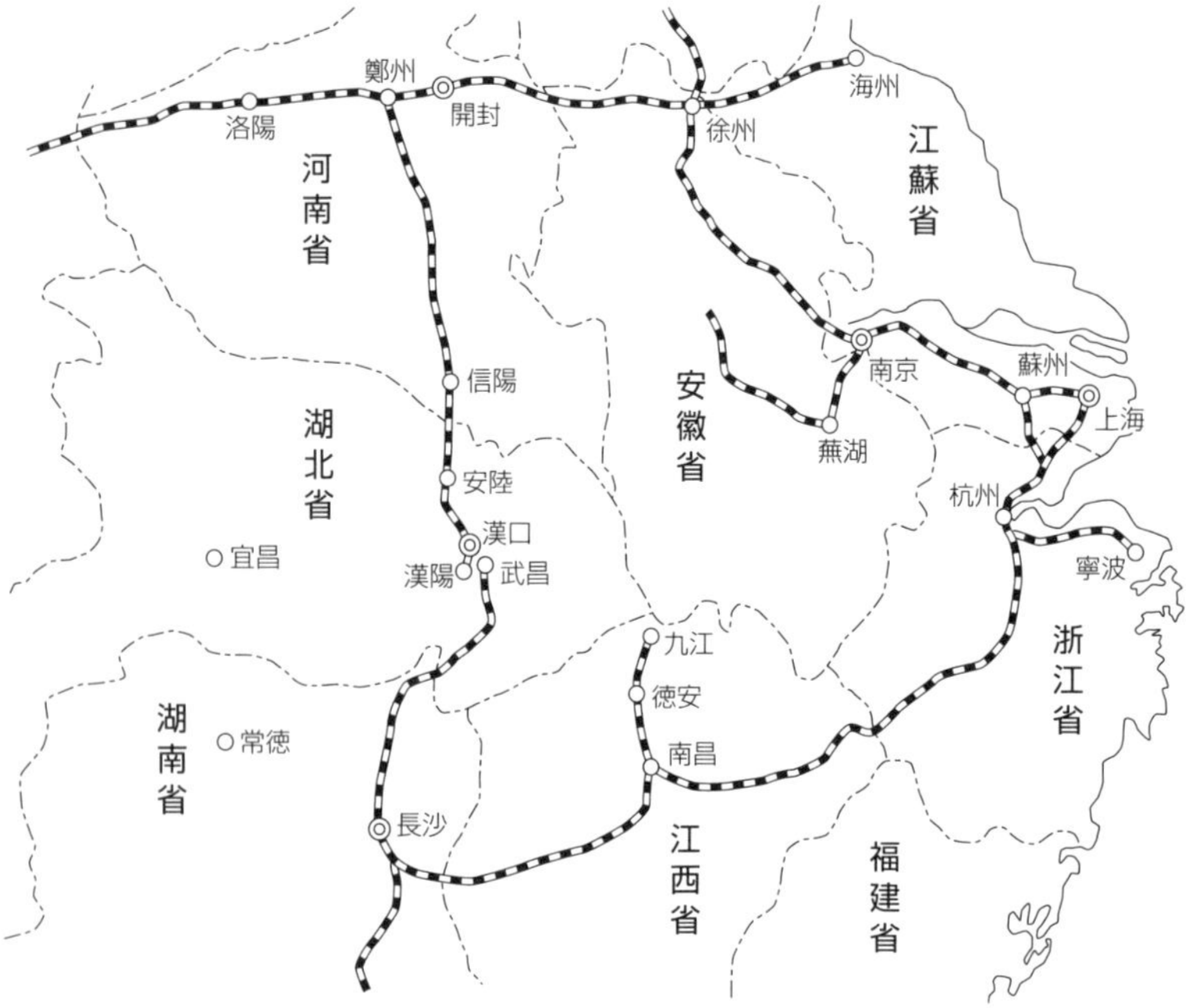

華中略図　「中国全図　1938年」(「読売新聞」1938年10月15日附録) より作成

上海事変から南京侵攻へ

上海事変の勃発と難民

一九三七年八月の第二次上海事変の勃発に伴い、大量の難民が巨大都市上海をさまよう事態が一気に生まれた。住民は八月一三日以降、安全な場所を求めて旧英租界と仏租界に流入した。これが上海における難民の第一の流れである。仏人のジャキノ神父たちが難民の安全地域を設定するために日本軍や中国軍当局と交渉していたとき、突然市の中心部の南市で戦闘が始まった。この第一波の難民の流れについて、『上海国際救済会年報』は次のように再現している。

浦東、龍華から来た者を交えた何十万人の難民と市に残存避難していたものどもは完全に衝撃に打ちのめされた。一人としてふり返って見ることも出来ないで、彼等は皆租界へ逃げ入ろうと試みた。フランス当局は平和と秩序を維持するために、租界の境界にあるすべての門を閉鎖した。その結果として、人民の大多数は門の外にしめ出されて助けを求めて泣き喚《わめ》きつつ何十万人の頭をこねあって混乱の極みに陥った。家族の者がちりぢりにされた。血族を呼ぶ絶えざる号叫が聞かれた。餓えと寒気のために気絶したり押しつぶされたりの事件が無数であった。とくに浦東の方面から避難所を求めて来た者において多かった。何十万人の命が当時絶望と危険の状態の袋小路に落とし込まれていた。

難民の流れの第二波は、戦闘の舞台が上海西部へと移りつつある一一月に起こった。太《たい》倉《そう》・嘉定《かてい》・宝山《ほうざん》など上海近郊の農村地帯から、難民が上海市に流れ込んできた。彼らは「食うに食なく、眠るに家なく真実に途方に暮れていた」という。

膨大な難民を収容し救済する施設の設置が急がれた。救済事業は上海慈善団体連合救済会や上海国際救済会、上海市救済委員会が行ったが、その推移について小浜正子「日中戦争期上海の難民救済問題」が丹念に追っている。小浜は、数十万人の難民に食住を提供する行為は人道的であるとともに抗日の象徴ともなったことを強調している。

上海自然科学研究所中央図書室の司書として一九三二年から勤務していた西村捨也は、『社会福利』第二三巻第二号に「上海に於ける難民とその救済事業」を掲載した。西村は「中国難民の多数の者が、抗日軍民とともに西南奥地へ逃亡したことも事実である」としながら、上海市に残った難民の動態と救済事業について整理した。上海事変前の上海人口は一六三万人であったが、租界には上海の中国人住民に各地から来た避難民が加わったので人口は少なくとも四〇〇万人くらいに膨張したという。わずか三二八二平方キロの市街区に多くの人々が密集し雑居する状況が生まれた。

当時上海には仏租界と日米ほか数か国の共同租界があったが、『上海国際救済会年報』には両租界に一〇〇万人の難民が集まったと記されている。西村によると、両租界の難民数は一二月中旬には最も多い時期には四〇万人から五〇万人だったという。そのうちおよそ十数万人が、各種の難民収容施設に振り分けられ、食事が供された。その費用は国民政府や国際的な寄付によってまかなわれた。

『上海時局報』一一号によると、上海市工部局の報告では旧英租界の難民は六万二〇〇〇人であったという。大場江湾から中国軍が撤退した後、共同租界内の旧英租界に二万五〇〇〇人、龍華《りゅうか》や徐家匯《じょかかい》方面などに二万五〇〇〇人が集まったという。混雑が激しくなったので租界線の歩哨《ほしょう》が難民の侵入を阻止し、鉄条網を張って難民と逃走兵の入り込みを警戒した。難民の多くは農民だったという。

西村はまた「上海に於ける避難民の情況」（『社会福利』二三巻四号）で、日本軍が上海を占領した一九三七年八月頃には租界の難民数は三〇万人にのぼっていたが、一九三九年一月三一日時点の租界難民数は一〇万二三二四人に激減したと述べている。四か月後に難民が三分の一程度になったのは、一時的避難者の移動、食糧支援の枯渇、開墾地など他地域への移動などによる。なお一九三八年七月までの難民の死亡者数は二六四一人で、重病人は三六四一人、軽病人は二万四四〇一人であった。死亡率は一九三七年八月から一九三八年一月までが最も高かった。

上海戦後の宣撫活動

上海戦は激戦となったが、中国軍は一九三七年一一月一一日に一斉退却を始めた。日本軍は追撃態勢をとった。上海派遣軍はその前日の一一月一〇日に嘉定に入り、ついで宝山・太倉・常熱・無錫などを次々と占領した（図3参照）。作戦当局が前進を止める地点に指定していたのは当初は常熱・蘇州・嘉興であったが、一一月二四日には無錫・湖州まで延ばし、一二月一日に至って南京攻略を命じた。これにより南京に通ずる常熱・蘇州・無錫・常州・丹陽などが戦乱に飲み込まれていく。一一月五日に金山衛に上陸した第一〇軍は、第六師団が松江に、第一一四師団が嘉興《かこう》から湖州、広徳などへと進軍した。太湖をはさむ南側と北側に沿って南京への先陣争いが進められた。これらの戦局の展開に即して、宣撫班は戦闘後の各地で宣撫活動を開始した。

宣撫班は一九三八年一月に北支那方面軍宣伝部から特務部に転属となっていた。それまで本部が指揮していたが、以後各兵団の特務機関の指揮系統の下で活動することになった。

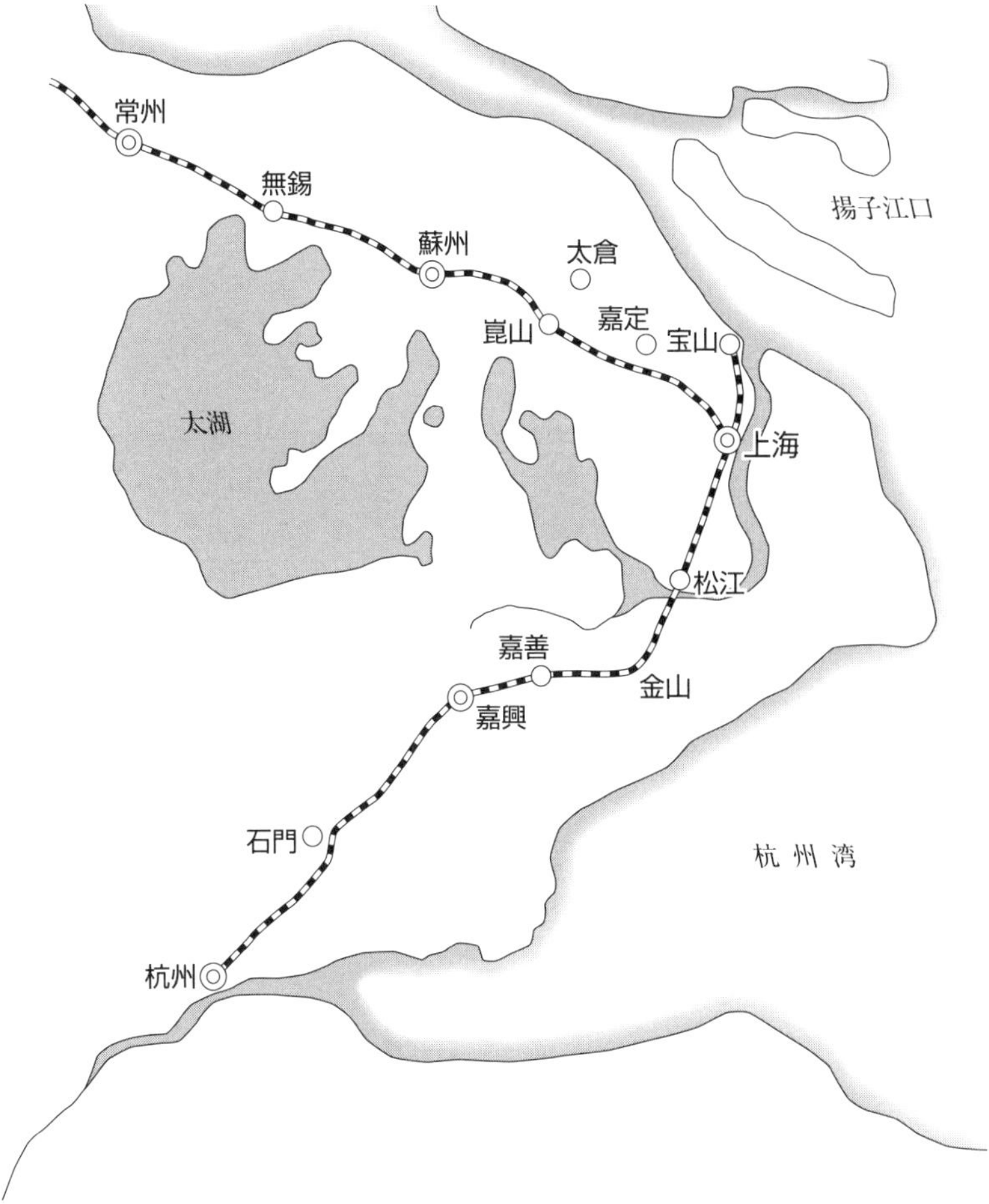

図３　上海周辺図　「揚子江流域」(『最新支那分省図』大倉書店, 1914年) より作成

同時に従来の河北省中心の活動から、山東省に重点を移し、山西省工作の準備を進めることになった。華中でも中支那派遣軍の各軍隊とともに行動する宣撫班と、占領地で住民に治安維持会をつくらせたり難民救済にあたる現地駐在の宣撫班のそれぞれが活動を開始した。一九三八年二月時点で、華中の占領地域の宣撫班は三七班、人員は二四〇人余であった。日本国内で採用した宣撫班員も、三月に一〇〇人、八月に二五〇人、一〇月に二〇〇人到着した。一九三八年一二月末には現地の宣撫班は一一三班で編成され、日本人一〇一四人、中国人五四二人の合計一五五六人の大所帯となった。

宣撫班発足時から活動の中心となっていた満鉄派遣社員は、戦火が上海に飛び火して以後も、上海から南京に至る地域で宣撫活動に従事した。一九三七年一一月以降に満鉄派遣宣撫班がこれらの占領地での宣撫活動に着手したが、一二月一〇日からは一〇区に分かれて占領地の宣撫活動に入った。活動は逐一統括者の満鉄上海事務所長伊藤武雄に報告されている。その報告に即して戦渦に巻き込まれた住民の動向をうかがうことにしよう。

江蘇省における宣撫活動と難民

揚子江沿いの宝山に入った宣撫班は一六〇〇人の難民を収容した（図3を参照）。居住者は川沙鎮《せんさちん》が三〇〇〇人、呉松鎮《ごしょうちん》が二〇〇〇人、月《げつ》潤鎮《じゅんちん》が一〇〇〇人、その他が一〇〇〇人の合計七〇〇〇人であった。

そのうちのほとんどが農民だったので救済対象にならず、宝山に収容した難民は八〇人のみだった。

真如は上海市の西北部に隣接する地域である。宣撫班が同地に入った一二月二五日、居住者は極めて少なかったという。少し離れた農村にはところどころに農民の姿があった。張《ちょう》家衛《かえい》という村には一二三〇余人が残留していたが、その上海市寄りの曹家渡《そうかと》あたりにはまったく人影がなく、全員が蘇州河を渡って対岸に避難したという。真如付近の二万人の住民の大部分は上海市西部に避難し、帰来者はほとんどいなかった。残っている約一二〇人の住民は車夫として使われた。

真如の西隣は嘉定である。嘉定城内の家屋は日本軍の空爆によって三分の一が破壊されてしまったので満足に住める家は極めて少ない、と一二月一二日に同地に入った宣撫班が伝えている。当地については、嘉定宣撫班による詳細な「工作資料」が作成されているので、具体的な状況を追うことができる。城内の人口は三万人、嘉定県全体では二六万人であった。宣撫班が入り良民証を発行したが、一二月一九日までの五日間に一一八五枚を発行したという。二三日までに四八〇〇人が帰来した。その多くは農業者と商業者で、大工や左官・飲食店・理髪業などの従事者もいた。ただ若い女性の帰来者は少数であった。

嘉定城内と近隣の人口は約一〇万人であったが、大部分は青龍《せいりゅう》や崑山《こんざん》などに避難した。二〇〇〇人ほどが残留していたが、宣撫班到着時には三〇〇〇人に増えた。その後二万五〇〇〇人くらいになったというが、その大部分は城外に住む農民であった。一九三八年一月中旬以降になると、上海方面から帰来する者が増えた。一月二九日までの良民証の発行は計一万六五四一枚であった。

四月末には、嘉定城内外六万人のうち帰来者は三万人、復帰率五〇％となった。農村部では復帰率が八〇％から九〇％のところもあり、春耕に従事する農民が増えた。他方四月段階の城内の帰来者数は五七〇〇人で、まだ復帰率一九％であった。帰来した住民のほとんどが貧困層だったので、倒壊家屋の修理もできず生活に困難をきたしていた。なお三月には本部より死体の至急処理命令を受け、クリーク（水路）内の屍体捜索を行ったことが報告されている。嘉定県内屍体整理隊を組織し、五月一三日までに四六七〇人の屍体を整理したと記されている。

嘉定の西には太倉がある。人口は三万人であったが、住民の大部分は近隣に避難した。嘉定宣撫班が入ってから帰来者が少しずつ増え、六〇〇〇人に回復した。しかし家屋のほとんどは燃えてしまったので住居がなく、三〇〇〇人に減ってしまった。実際の居住者はそのうちの一〇％内外であったという。宣撫班の許可を得て城内に戻った住民の多くは、自分の家が燃えてしまったことを確認し、再び沙湊鎮《さそうちん》・直塘鎮《ちょくとうちん》などに去ったという。一二月二七日現在の帰来者数は、八六一戸、二五三一人であった。翌年四月になっても状況はほとんど変わらなかった。有職者は一〇八一人、無職者は二七五〇人で、合わせて三八三一人であった。難民収容所には一〇〇人が収容されていた。

常熟に上海派遣軍が入ったのは一一月一九日である。宣撫班は一二月一二日に活動を始めたが、城内も城外も戦渦に巻き込まれたので、当初人影はまったくなかったという。その後帰来民が増えたので一二月二三日に宣撫班は常熟自治委員会を発足させた。一九三八年二月の報告では常熟城内一〇万人の住民のうち帰来したのは一万人であった。自治委員会は難民収容所をつくり三〇〇人を収容した。その頃は一日約一〇〇〇人ずつ帰来したが、戦災に遭って住む家がないので三〇〇人くらいは再び田舎へ引き返さざるを得なかった。

蘇州は上海派遣軍の松井部隊が宣撫工作にあたっていた。一二月七日に満鉄派遣宣撫班がそれを引き継いだが、城内外の被害は比較的軽微で二万五〇〇〇人の住民が残留していた。一二月末には四万五〇〇〇人に増えたがその過半数は難民で、衣食住を確保することは困難だった。城内外を合わせた人口は三八万人だったが、上海などに避難して帰らない住民も多く、一九三八年二月時点で一〇万人が帰来しているに過ぎなかった。なお蘇州の宣撫班本部には外務省の蘇州分館主任と警察署員が軍嘱託として仕事を分担していると、三月一二日付の広田弘毅外務大臣宛出張許可申請に記されている。宣撫班には満鉄の社員のほか外務省の職員、東亜経済調査局員なども加わっていた。

浙江省における戦闘と難民

柳川平助《やながわへいすけ》率いる第一〇軍が上海事変の増援のために杭州湾沿岸の金山衛城に上陸したのは一九三七年一一月五日である。同軍はそのまま松江から嘉興に軍を進めた。

しかしそれ以前から浙江《せっこう》省北部の上海市に近いこの地域にも日本軍がやってくるのではないかとのうわさがひろがっていた。空爆も始まって、住民が避難し始めた。菁邦斉『苦海求生』は、上海戦初期に浙江省石門湾に住んでいた住民が難民化する状況を綴った次のような手記を紹介している。

ある一家が石門湾の開南貨店に住んでいた。日本軍が石門湾に侵入したとき一家はすでに石門湾東南三里にある郷村に避難していた。その後家が焼かれてしまったため、一家は避難所に行った。別の一家は八月末に日本軍が偵察飛行を行ったのを見て、被害を恐れて家に防空洞を掘った。中秋節の九月一九日、日本軍は最初の爆弾を投下した。その後定期的に空爆があったので、住民は鉄道で逃げ始めた。やがて日本軍が上陸して住民を殺したり、家を焼いたりするとのうわさが流れた。うわさは虚構の場合が多かったが、そのなかに少しは真実の風聞が含まれていると思った。その後空爆で大方の家が焼けてしまったが、それでも住民の多くは逃げなかった。逃げるよりとどまる方が安全だというわさがあったからである。実際には一日でも早く逃げることが必要だった。ある父子は一二月九日から一〇日にかけて、親戚から船を一隻借りて逃げた。他にも逃げる船があったので一緒に行動し、浙江省の省境にある南氾にたどり着いた。この決定は時を得ていたようである。なぜならその後間もなく嘉善が陥落し、日本軍による焼殺や強姦の風聞が聞こえてきたからである。

南京陥落後の一二月二四日、日本軍は杭州を占領した。先の書は、杭州の戦前の人口は五〇万人であったが陥落時に城内には一〇万人が残っていたに過ぎなかった、と記している。日本軍の宣撫班の記録では、杭州の戦前人口は六〇万人で、そのうち一二、三万人が残っていたことになっている。宣撫班によると、市民のうち経済的に余裕のある人々のほとんどが銭塘江《せんとうこう》の対岸か南昌・上海方面に逃避したという。「日本軍入城直前貧民五万人が残留した以外は、上海、寧波、紹興、金華、および付近郷鎮に逃避し、真に死の街、廃墟の巷《ちまた》の観を呈した」との記載もある。異なる数字があげられているが、数十万人が難民化していたことは確かだろう。杭州市内には難民収容所が二九か所あり、一九三八年一月の最高収容人員は三万五〇〇〇人であったという。難民救済には世界紅万字会や日華仏教会などがあたった（八二・八三頁表7参照）。その後難民の一部は福建省方面などに送られたり養老院に入るなどした。四月末には収容所の難民数は四五〇〇余人になった。

占領後に浙江省に入った日本軍の宣撫班の記録は、占領地の状況をより詳細に語っている。上海市に最も近い松江から順次たどることにしよう。

浙江省の宣撫班

宣撫班が上海市東南部の松江に入ったのは一一月二六日であった。破壊家屋が六〇％で、残留民は極めて少なかった。宣撫班は、残留者を集めて治安維持会をつくった。宣撫班が指導して松江自治委員会をつくり難民の救済にあたった。三九万人だった人口は一二月末になっても帰来民を含めて約四万人に過ぎず、以前の一割程度であった。宣撫班はさらに、一九三八年二月に治安維持会を治安維持委員会に再編し指導を強めた。四月にはそれを自治委員会に改称し、経済部が難民救済を、治安部が自警団を、文化部が宣伝を担当することになった。しかし四月末の戸口調査によると、人口は一万二〇七六人であり、前年末よりさらに減少している。治安が回復していないことを、住民が感じ取っていたからであろう。そこで宣撫班が、四月一〇日から六月一〇日までに復帰しない家屋を管理下に置くと通告すると、復帰者が激増した。ただ駐屯部隊の多数が家屋を使用中で、直ちに自家に復帰することは不可能なものが相当数あったという。

次は嘉善《かぜん》である。嘉善は戦前から嘉興・松江の二市にその繁栄を奪われる傾向にあり、農村の疲弊にも影響されて衰退の一途をたどっていた。嘉善城付近にトーチカ陣地が設置されて戦場化したので市街の多くも破壊され、家屋は城内五割、城外二割が使用に耐えない状況になった。宣撫班が市内に入った時、難民数は一〇〇〇人を越えていた。宣撫班は自治委員会を発足させ、同会が難民救済にあたった。その結果一九三八年四月末に未就業者は一二〇人に減ったという。自治委員会は難民収容所も設置した。四月末の収容数は二〇人であった。嘉善の人口は戦前四万五〇〇〇人であったが、一九三八年二月一一日現在の復帰者は二〇〇〇人、四月末には二万三〇〇〇人で、戦争前の五〇%以上になった。ただ市街地の多くが破壊されているので住むところが少なく、飽和状態になってしまった。未帰来者は主として城外の郷村に避難していたという。

嘉興に宣撫班が入ったのは一九三七年一二月一三日である。城内人口は五万人であったが、二〇〇人も残っていなかった。その後一二月中に二千数百人を数えるまでになった。一九三八年一月三日には、住民は四〇〇〇人となった。大部分は貧困層なので、その多くが治安維持会が運営する難民収容所に入り、良民証が発行された。一月四日には避難所を男女別々にして老人や婦女子を救済院に収容したので、収容人員は二八〇人になった。

さきに見た菁邦斉の著書によると、難民の流出により浙江省の人口は軒並み減少したという。平湖県城周辺の人口は四七パーセント減少した。嘉興県の人口減少は杭州地域で最も高く、八三パーセントの減少であった。一九三八年になると三万一〇〇〇人の難民が家に戻った。一九四〇年には杭州の人口は三二万人増えた。その他浙江省北部の都市でも同様の状況があった。浙江省全体では、一九三八年一月から九月の間に登記された難民収容数は二八万四〇二〇人であった。うち農民は九万八一七八人（三五％）、雇用労働者は四万九五一八人（一七％）、商人は四万一八九九人（一五％）であった。浙江省の一九三〇年における農家戸数は三一六万戸で全戸数の六九％なので、難民全体に占める農民の割合は比較的低かったことがわかる。杭州などからの難民が多く収容されていた。

南京から徐州へ

南京近郊の宣撫活動と難民

大本営は一九三七年一一月一九日には軍の進出の限界線を示す前進統制線を常熟・蘇州・嘉興に置いていた。しかし二四日には統制線を無錫・湖州に延長した。一二月一日には南京侵攻の大命を下し、一三日に日本軍は南京を占領した。戦線は無錫・常州・丹陽などにひろがり、占領した地域には宣撫班が入った。以下、各地の戦闘前後の状況をみていこう。

無錫は紡績・綿布・製粉などの工場が建ち並ぶ工業都市で、人口は城内外一七万人だった。一九三八年二月時点で城内に帰来した住民は四万人であった。難民収容所が四か所あり、合計一六〇人を収容した。二月二〇日ごろには三、四〇人に減少したので一か所に集められた。

常州城内の人口は一二、三万人であった。城外を合わせると二〇万人になった。戦渦でほとんどの住居が破壊され、住める家は極めて少なかったという。城内には商人など二百余人が残っていた。難民収容所が三か所あった。

丹陽の城内人口は六万人であった。家屋の八〇％は焼けてしまい、残った二〇％の家も掠奪し尽くされていたので、住める家がほとんど見当たらなかった。宣撫班は一九三八年一月一五日に帰来を許可した。住民であること等を尋問した上で良民証を交付し、第一小学校に三〇〇人、県政府監獄跡に八〇〇人を収容した。ただそのうち四分の三は自宅の状況を見るために脱出したという。一七日までの三日間に一三五〇人を収容したが、結局残留者は三十数人であった。一〇〇〇人以上は灰燼となった自宅を見届けた上、再び避難した。

揚川は戦渦を被らなかったが、人口一〇万人のうち八万人が避難した。帰来民が徐々に増え、一九三八年一月二九日時点では約四万人が居住していた。難民収容所は六か所あり、一月の収容人員は二〇〇〇人であった。避難民の多くは子供であるとも記されている。

戦場となった丹陽・太倉・常州・嘉定・宝山などは、「破壊の度、最も甚だしく、且かろうじて雨露をしのぐに足る家屋も内部は掠奪しつくされ、ないし皇軍の宿営するところとなってい」た。住民のうち帰来した人々のほとんどは何も持っていない難民だったという。多くの場合、県の行政機関を受け継ぐ自治委員会が主体となって難民収容所を設置したり、食料を供給したりした。鎮江では四か所の難民収容所を設置し、四〇〇〇人の婦女子を収容した。管理者別にみると、日本軍管理の収容所が一〇〇〇人、回教教会堂が二〇〇〇人、電灯会社が六〇〇人などであったという。揚州では五か所の難民収容所に女子約一〇〇〇人を収容した。蘇州では一月二一日以降自宅に帰還しても生活に困難をきたしている難民のために一〇か所の難民施粥所《せがゆ》を開設した。一日平均二六〇〇人の施粥者がいた。杭州でも二月三日から五か所の施粥廠を開設した。五日間の給粥者は一一万五〇〇〇余人であった。

南京の難民

日本軍が迫るなか、南京ではドイツ人のラーベを委員長とする南京難民区国際委員会が難民の安全をはかるため難民区の設立に尽力した。その成立や実態については笠原十九司『南京難民区の百日』が詳細に考証している。南京陥落前の一一月に米国の長老派教会の宣教師が米国大使館や国民政府立法院長の孫科《そんか》などに申し入れ、日本側からの了解を取った上で、南京難民区国際委員会を南京市西北部に設置した。一二月八日以降上海近郊の戦場から逃れてきた難民や国民政府の南京防衛軍の「清野《せいや》作戦」（日本軍侵攻の前に一帯を焦土化すること）で家を失った農民や市民が逃げ込んできたという。

南京の難民区の様子はいかなるものだったのか。孫宅巍「抗戦初期的南京〝難民区〟」

によると、一九三七年一二月一六日夜に日本兵が金陵大図書館にやって来て、刀をふりかざしつつ金銭や金銀の首飾、女性を要求したという。一九三八年二月八日までに一二九件の略奪事件があったとされる（『全面抗戦期難民傷亡問題研究』）。蔣公穀の二月一三日付の日記には、金陵大女子難民収容所で「しばしば敵兵の強姦・略奪騒ぎ」があったと記されている（『南京事件資料集②』）。難民区といえども、安全な場所ではなかった。

南京戦後に南京に入った井口静波には『死闘バルシヤガル』という手記がある。井口は漫談家として知られており、慰問のため一一回従軍した。タイトルのバルシヤガルは、ノモンハン戦の戦場となった高地名である。

南京城内は無人の都である。ただし難民区には一二万八千人いると噂に聞いたので、難民区には近づかなかった。……いかにも死体が多いので、夜の外出はやめた。……夜の支局の寂しさは耐えられない程である。用便をするには五個の死体をまたがなければならない。

避難民区へ恐る恐る出かけた。光なき街に喘ぐ、戦渦から逃げるに逃げられぬ窮乏難民一二万八千人。中山路の西北にあたる収容所です。難民区とはよく名づけたものです。

南京の残留市民数については、南京大虐殺の人数をめぐる論争のなかで何度も取り上げられているが、ここでは「支那事変第二軍兵站関係書類」の「皇軍入城当時の支那人状況」を見ておこう。

(1) 当時南京に残留する支那人の数は二十三万乃至二十五万と称せられ其の大部分はいわゆる難民区(漢中路以北、中山北路以西の地域)一帯に居住し居り国際委員会及び紅卍学会中心となり救済、救護その他の世話を為《な》せり。国際委員会はドイツ人ラーベーを会長とし在留外国人……難民収容所二五ヶ所(旧交通部、金陵大学、同女子大学、同中学、同蚕桑科、同神学院、同図書館、山西路小学、湖北路小学その他)を設けたるか其の人員約六万と称せられたり。

(2) 難民区内に在るその他の難民約十七万乃至十九万は紅卍字会斡旋の下に難民区内の建物住宅内に数十名乃至百名位単位合宿収容せり。

難民区に避難中の中国人は二三万人から二五万人と推定された。日本軍は査問委員会を設けて安居証を交付した。一九三八年六月九日から難民を自宅に復帰させることにしたが、その措置により新たな性犯罪などを生んだことは笠原十九司の著書に叙述されている。結局南京に復帰した住民は二七万四〇〇〇人だったと先の資料には記録されている。

外務省文化事業部は日本の中国における軍事活動の正当性を国際的に広報するために「支那事変後支那ニ於ケル帝国ノ医療救済事業」をまとめているが、そのなかで南京における難民救済事業について触れている。一九三八年一月一五日以降難民の救済のために中国軍の兵站用物資を南京自治委員会を通して配った。日本の宣撫工作によって難民の数は、一月が一五万人であったのに対し、二月には七万五〇〇〇人、五月には五万四〇〇〇人になった。また一月から苦力収容所を開き、特務機関が斡旋して難民を軍用に使役させたという。軍用苦力は四月末までの延べ人員が六万三三〇〇余人であった。

難民の情景

南京侵攻期の難民の情景についてみよう。まず阿部源一『支那戦場の経済と心理』である。阿部は東京商科大学助教授からこの時陸軍主計大尉として従軍していた。

上海から南京までの追撃戦の時には、住民はほとんど逃げて姿を見せなかった。南京が陥ちた時、城内を見物したら難民区に真っ黒に人間が集まっていて、関東大震災の時の罹災者のような姿をしていた。徐州戦の時には牛にひかせた大八車に二〇人もすし詰めになって右往左往しているのが方々にあった。また麦畑の中に布団と茶碗を抱えてうつ伏せして隠れていた家族もあった。

次は前章で触れたリリー・アベッグが南京を去るときに記した情景である。

南京陥落とともに大集団の奥地避難が始められた。彼らは、全官衙、大学、第一流工場等を持つこの奥地を、彼らの中心地とせねばならぬようにしむけられたのである。

そんなわけで約二〇万の人間が南京を去り、すでに三十五万に減少していたかつての百万の大都も、残る者わずかに十五万という淋しい都になった。南京最後の日は、……避難民の長蛇の列が出発する時だった。

この時期の難民の状況を観察した西村捨也の「上海に於ける難民とその救済事業」冒頭の記述も紹介しておこう。

支那事変の戦区が中支揚子江流域において急速に拡大していくに伴って中国の避難民はすでに非常なる多数にのぼり、もとよりその数は到底判断する由もないが、中国においで最も人口の濃密な江南一帯から武漢にかけて戦闘が進められたので、難民は驚くべき人口に達していることは想像に難くない。難民の大多数は貧困な土着の住民である。彼等は着のみ着のままで戦争の渦中から逃避してきたものが大部分であるから、その生活状態の悲惨なこともまた、たやすく推察されるのである。難民の出現は、畢竟抗日蔣政権の醸しだした敗戦の惨ましい結果である。しかしながら貧民階級である難民そのものには何等の罪のないものであり、彼等の救済が時局当面の緊急な社会問題となっているわけだ。

一九三七年八月の上海事変から一二月の南京占領まで四か月間続いた戦闘の個々の場面で数え切れない難民が生まれた。宣撫班が入った丹陽や太倉・常州・嘉定・宝山をはじめとする地域は激しく破壊されていた。多くの住民は戦火を逃れて難民化したが、農民の場合は生活の糧を求めて村落に戻ることが多々みられた。やむを得ず離村して揚子江の上流へと向かう難民も多数出た。住民の中でも貧困な人々が難民としてより困難な状況に追い込まれていたことも、宣撫班の記録によって明らかになった。

徐州作戦と難民

一九三八年三月、中国側が台児荘《たいじそう》の闘いで勝利したという大宣伝に接した大本営は、この方面の中国軍に打撃を与えるのが効果的だと判断し、四月七日に徐州《じょしゅう》作戦を発動した。南京市周辺までの戦線を維持するのではなく、さらに華北と華中の中間にある隴海《ろうかい》線沿線にまで占領地をひろげることを決断したのである。しかし北支那方面軍の四師団と中支那派遣軍二師団により中国軍を挟み撃ちにしようとした徐州作戦は、戦場が広すぎて相手をほとんど捕捉できないままに次の武漢作戦に引き継がれることになった。この徐州作戦で特徴的だったのは住民地での毒ガスの使用と、新たに多くの難民が生まれたことである。

中支那派遣軍司令部「徐州作戦及安慶作戦に於ける特種煙使用の先例及成果」（『一五年戦争極秘資料集　補巻2』）によると、五月一七日に張二庄《ちょうじしょう》の村内で本格的な毒ガス散布を実施した。この地域で最も堅固な土壁に囲まれた村であった。赤筒（嘔吐性ガス）五〇を使用したが、中国軍は家に立てこもったので効果は限定的だったと歩兵三六連隊第二大隊の戦闘詳報は記している。一方翌一八日の使用時には風向きが東方に流れて「影響は甚大」だったという。ただ赤筒を小規模に使用することは住民地では効果的ではなく、家屋を焼《しょう》夷《い》弾《だん》などで焼却するのが最も有利だと結論づけている。固《こ》鎮《ちん》では森田支隊の野戦瓦《ガ》斯《ス》隊が五月一九日に特種発煙筒を実戦で初使用したという。予想外に効果があったと記されている。

この作戦により生まれた難民を個別に追うことができる資料はほとんどないが、隴海線沿線都市の人口の推移をたどった宣撫班の調査によりその状況の一端をうかがうことができる（表6）。徐州で三万人弱、開封で六万人弱、亳県で八万人弱それぞれ減少している。全体では二〇万人以上の人口減であった。

宣撫班の記録が残っている華中の南京市に近い丹陽では、一九三八年四月中旬になると、徐州作戦のため

表6　徐州作戦前後の隴海線沿線都市人口の推移

	戦前人口	戦後人口	増　減
徐　州	130,000	102,300	-27,700
拓　城	8,800	9,500	700
開　封	300,000	241,000	-59,000
柳　河	2,100	3,800	1,700
野　崗	3,000	2,100	-900
黄　口	6,000	3,150	-2,850
陽　山	30,000	2,800	-27,200
蘭　封	4,215	2,250	-1,965
氷　城	15,000	10,030	-4,970
宿　県	30,000	12,350	-17,650
亳　県	88,000	10,000	-78,000
計	617,115	399,280	-217,835

注　「北支主要都市華人人口表」（支那事務局農林課「昭和十四・十五年度食糧対策ニ関スル綴（其ノ一）所収）

に日本軍兵力が動員された空白を突いて残留中国兵などが進出した。丹陽県城を除く占領地の治安は一気に悪化した。丹陽県城の一万二〇〇〇人の住民のうち、二四〇〇人が城外に移動した。徐州作戦が終了した五月下旬に、国民党軍が徐州に近い丹陽の城壁まで来た。丹陽の警備隊は一個小隊のみだった。すでにそれまでに丹陽の城内の家屋の八割が全焼していた。一割は半倒壊で、残った家屋は一割に過ぎなかった。

丹陽城内を除く丹陽県の人口は四〇万人であったが、約一〇万人が兵火を避けて難民として路頭に迷った。多くは土着の住民だったが、遠くへ避難せざるを得なかったという。治安維持会の事務所が襲撃され、塩百俵が二回にわたって掠奪される事件も起こった。

丹陽の北方には鎮江《ちんこう》があった。鎮江は人口二一万人の都市だったが、残留民は一万人で城外も荒廃していた。城壁の一部に痕跡をとどめるのみで、城内外はほとんど区別できなかったという。住民は徐々に帰来し、二月には八万人に回復した。五月には急激に増えて、人口一五万人となった。徐州作戦により鎮江周辺の治安が不安定になったので、地方に避難していた住民が市内に帰ってきたからである。こうした状況は当分続くことになる。一九三八年六月下旬に開かれた全県下自治分会長会議では、ほとんど口をそろえて次のような報告があった。

一、住民の七〇%は難民である。

二、避難民はその全部ではないが大部分復帰して家業を始めている（主として農業）。
三、昨年農村収穫期に避難したのと、戦時による家屋焼失により、多数の難民を生じた農村は経済力非常に薄弱である。
四、今春の小麦収穫による農村の復興はあまり期待出来ない。

九月になっても混乱は続いた。交通網も回復しなかったので、地方農村はなかなか復興しなかった。農業に復帰しても円滑な生産活動を営めない人々、難民として他地域に流れる人々など、住民には多くの困難が待ち構えていた。

難民収容所

戦渦を逃れて各地をさまよう膨大な難民に対する救援が求められた。都市部では難民収容所をつくって難民を保護する必要があったが、占領地に限っても日本軍部隊や宣撫班がその任務を担う余力はほとんどなかった。先に記したように宣撫班が状況に応じて難民収容所の設置を指揮することもあったが、実際の設置と運営は主として人道的支援を担う国際機関やキリスト教会、県公署・自治委員会などの地方自治機関、国民政府系の支援団体が引き受けた。華北における難民収容所の事例は前章でふれた。山東省の済南で三三か所の難民収容所を設置したのは紅万字会であったと、済南総領事が一九三八年六月に宇垣一成《うがきかずしげ》外務大臣に報告している。四か月間に避難民一万六八〇人、通過避難民五一一六人、市内の窮民五万六八一二人を収容したという。

日本軍の特務機関本部がまとめた一九三八年末の「中支社会事業施設要覧」等によると、華中でも戦線の拡大にともない次々と難民収容所が設置された（表7参照）。要覧によると、上海では南市養老院のみは上海特務機関が担当していたが、それ以外は前述のジャキノ神父、上海国際救済会、世界紅万字会が担った。周辺地域では、県公署が経営主体となっていて、ほかに紅万字会やキリスト教会の場合もあった。浙江省の杭州や湖州のように日本軍の特務部が日華仏教会の施設を支援した事例もあるが、その数は少なかった。

上海の南市や租界につくられた難民収容所の多くは急きょ空地を探して建てられた施設で、アンペラ小屋と呼ばれる筵《むしろ》や戸板などを使った簡易な建物であった。他の地域では既存の保護施設や教会・寺院などの宗教施設が使われることが多かった。ただ南京では、厖大な難民を収容するため金陵大学の宿舎や図書館・蚕工場・附属中学校が難民収容所として使われた。難民は最高法院や小学校の建物、外国人の邸宅などでも暮らしたが、当然それでは足りずアンペラ小屋が林立した。

収容した難民の食料を確保し、診療施設を整備し、就業を斡旋しなければならなかった。難民の収容人員は大きく増減した。上海国際救済会の年報によると、一九三七年一二月の入所者数は二万五一五二人と最も増加していたが、半年後の一九三八年六月には一万五一人に減少した。上海の食料支給は主として国際紅十字会が担った。中国国民政府からの財政的支援もあった。表7にある救済戦区難民委員会の資金は国民政府が支出していると日本の特務機関は記している。敵政府の影響が強いので「政治的色彩濃厚」とも付記されている。たしかに国民政府側は人道的支援と抗日活動を一体のものと位置づけて難民を支援していた。一九四五年の国民政府主計処統計局の難民救済統計によると、一九三八年八月から一九三九年までの救済人数が二一八〇万五七九〇人であり、一九四四年六月までの間で最も多かった。この統計値は難民収容所からの報告に基づいて作成されており、国民政府がその間に日本の占領地を含む各地で難民救済に尽力していたことを示している。なお王春英による難民収容所の分析では、抗戦期間の難民収容所数は三〇〇〇か所で、少なくとも一二〇〇万人が収容されたとする。

多数の児童も難民に含まれていた。もっぱら孤児や児童を保護する施設もあった。上海の国際難民救済会の施設には六四〇〇人の児童が五一の学級にふりわけられ、読書・作文・算数などの教科の授業がなされた。日本の特務機関が指導する杭州の日華仏教会難民収容所にも学校があり、日本語を学習する授業が開設された。

難民収容所の多くは臨時的な施設で極めて簡便なものが多く、資金援助も限られていたので食料等を安定して供給することはできなかった。難民収容所をめぐる状況は、国際的な資金援助が枯渇する一九三九年以降にはさらに悪化することになる。

表7　華中の主要難民収容所（1938年）

所在地	名　称	経営主体	収容所数	収容人員
上海・南市	南市難民区 紅卍字会分会	ジャキノ神父 世界紅卍字会	88	16,271
上海・滬西	上海慈連分会難民収容所	上海国際救済会	6	2,328
上海・租界		上海国際救済会 世界紅卍字会 上海慈連救済会 救済戦区難民委員会 国際難民収容所	2 5 36 59 2	7,816 2,110 35,142 31,394 1,000
宝　山	宝山難民収容所	宝山区政務処		32
松　江	城中難民収容所 西門外難民収容所	天主教 松江監理公会		73 77
太　倉	城区難民収容所 劉河難民収容所	太倉県公署 同　上		504 109
蘇　州	第一難民収容所 第二難民収容所	呉県政府 同　上		191 437
常　熟	難民収容所	県公署		
無　錫	紅卍字会難民収容所 普仁会	紅卍字会 普仁会		150
呉　江	救済院	県公署		
常　州	難民救済会	常州市長		
杭　州	日華仏教会難民収容所 紅卍字会第一収容所 浙江省区救済院普済堂	日華仏教会 世界紅卍字会 王純甫		2,132 389 627
嘉　興	救済院 嘉興天主堂	県公署 キリスト教		120
湖　州	日華仏教会	特務部指導		
南　京	南京難民区 南浦良民収容所	国際委員会 督弁市政公所		17-19万 438

	八府良民収容所	督弁市政公所		388
	昇平良民収容所	同　上		244
	楊将軍巷良民収容所	同　上		240
	菱各市良民収容所	同　上		186
	東牌楼良民収容所	同　上		186
	光華路良民収容所	同　上		179
	龍池巷良民収容所	同　上		158
	賑務委員会	市公署救済委員会		599
	南京市立救済院	督弁市政公所		1,470
	下関良民収容所	同　上		
大　平	紅卍字会大平分会	紅卍字会		62
鎮　江	丹徒県救済院	県公署		875
丹　陽	丹陽難民収容所	県公署		65
蕪　湖	紅卍字会分会	紅卍字会		200
	将公署難民収容所	県公署		110
南　通	紅卍字会南通難民招待所	紅卍字会		79
如　皋	難民収容所	自治委員会		75
蚌　埠	紅卍字会分会収容所	紅卍字会		2,559
	天主堂教会	キリスト教		475
鳳　台	福音堂難民所	キリスト教会		300
	難民区	自治委員会		
安　慶	慈善難民収容所	県公署		84

注　特務機関本部「中支社会事業施設要覧」(1939年) 等より作成.

武漢作戦と難民

武漢作戦の発動

武漢《ぶかん》作戦とは、国民政府の首都が一時置かれた武漢に一九三八年六月一八日から侵攻した作戦である。第二軍や第一一軍などが揚子江の南岸と北岸に分かれて軍を進め、一〇月二三日に漢口を占領した。武漢は華中の中心都市で、漢口・武昌・漢陽からなっていた。呂集団（第一一軍）軍医部の調査によると、武漢作戦には三〇万人以上の兵力が動員され、戦死者六五五八人、戦傷者一万七〇四六人、病者一〇万五九四五人を出した。このような大消耗戦に、なぜ大本営は踏み切ったのであろうか。

第一の理由は、南京戦後の戦術的手詰まりを打開するために、なし崩し的に決めたというのが実情である。二月一六日に開かれた御前会議では、対ソ戦準備のためにこれ以上中国大陸における戦線を拡大しないことを決定した。にもかかわらず三月初めには、中国側最精鋭と見られた李宗仁《りそうじん》軍などの軍隊の大量投入に緊張感を高めた中支那方面軍が徐州攻略を中央部に具申した。大本営は方針を転換し、台児荘方面への作戦を認めてしまう。台児荘の戦いで日本軍は敗北を余儀なくされた。これを大勝利と宣伝する国民政府への対抗の思惑もあって、四月に入り急拠武漢作戦を見込んで徐州作戦の実施が決定された。もっともその理由として、仮首都であり華中の中核都市であった武漢を占領することが日中戦争を収束するために効果的であると判断したと説明されている。

第二の理由は、日本軍が占領地の多くで治安体制を整えることができなかったからである。津浦線沿線の治安維持を担当していた北支那方面軍の第二軍は、独自の判断で警備のための積極作戦が必要と考え、二月一七日に済寧《さいねい》・嘉祥《かしょう》を占領した。華中でも占領地は「点」にすぎず、展開している兵力を新作戦に動員しないままでは中支那派遣軍自体を維持できなかった。満鉄上海事務所調査室が一九四〇年二月にまとめた「事変後に於ける武漢を中心とせる長江沿岸政治経済事情」によると、主要都市は占領地として維持されているが、呂集団管下の地域はなお「直接敵の正面陣地と対峙せる、いはば「作戦地帯」」のままであった。治安維持体制が「面」として整わない以上、そこに置かれた軍隊は作戦行動に動員されなければ撤退するしかなかった。

第三に、陸軍が軍事予算を確保するために新作戦を求めたという側面もある。三月に国家総動員法を成立させて以後、陸海軍は軍事費のさらなる拡大を追求していた。陸軍としては、三〇億円以上を費やす武漢作戦の着手なしには、膨大な新規軍事予算を獲得することはできなかった。そのため漢口や広東を押さえれば事実上中国を支配できる、その上で日独伊三国の防共協定の強化により国民政府や英米をゆさぶれば日中戦争を解決できる、という根拠のない見通しをたてたのである。

黄河大洪水

一九三八年五月末に徐州作戦が終結すると、中支那派遣軍はそこで用いた第二軍を武漢作戦の準備のために開封に移動させた。この日本軍の武漢侵攻作戦準備に対抗するために、国民政府軍は六月一一日に花園口《かえんこう》の黄河大堤を決潰した。これにより発生した大洪水を多面的に検討した『花園口1938』は、決潰により五万四〇〇〇平方キロが水につかり、八九万人が死亡し、一二〇〇万人が家を失って難民になった、と記している。南京攻略以後の日本軍の武漢への新作戦が企図されなければ花園口の決潰も実施されなかったことは確かであり、その後の河南省を中心とする大飢饉や大量の難民発生の可能性も小さかった。

決潰当時の日本軍兵士による日誌がある。第一六師団第四中隊の輜重兵《しちょうへい》小原孝太郎の一九三八年六月一五日付の日誌には、「浸水はますますひどくなってきた。話によれば、黄河の堤防は破カイされた所は二〇米位だそうだが、それが二里にも大きくなってしまったさうだ。……師団全部水に包囲されて、幾日も融通が利かなくなったらどうするのだろう。……たしかにこれは我が軍の敗北だ」と記されている。八月二六日付では「水面の広さだけでも琵琶湖の比でない程広い—恐ろしい水だ。……何という痛ましいことだろう。彼等が毎朝いつくしんでいた、愛着の眼をもって見渡していた何千、幾万町歩の田畑が、その収穫も終らない中に暴力な水のため一朝にして水底に葬られてしまったのだ」と嘆く。そして一九三九年四月二五日付で、流浪の民となった難民に想いを寄せる。

自分等の参加している此事変によって、支那の人々が生活を根本からくつがえされて、変転極まりなき経路を辿って避地におちのびて、凡《あら》ゆる辛酸を嘗《な》めている、何十万、何百万の人々、土地をはなれ家を失ひ、洪水に逢ひ、親を失ひ子を失ひ、妻はつれ去られるなど、我々の考へうるあらゆる人間の不幸が之等《これら》の人々の上にはあることを思ふとき、此の「大地」が、一層我々にそくそくとして胸を打つものがあるのである。

厖大な難民の苦難を思いやる日本軍兵士もいた。

当時国民政府軍事委員会政治部に属していた作家の郭沫若《かくまつじやく》『抗日戦回想録』によると、花園口事件についての中国側の対外宣伝は敵の盲爆によるものだ、といっていたという。しかしこれは中国の伝統的な兵法である洪水によって敵軍を水没させる「水淹六軍」であるとする。彼は、決潰による戦術的効果は少なく「民間の生命財産の方がむしろ想像以上の犠牲をこうむった」として、この事件を批判した。

九江の難民

一九三八年八月下旬から始まった武漢作戦は、第二軍が大別山脈の北側を通って前進し、第一一軍が揚子江の北岸と南岸に沿って西方に武漢を目ざした（以下図4を参照）。第一一軍主力は海軍の援護の下で揚子江の南岸を安慶《あんけい》・湖口《ここう》へと進み、八月一六日に九江《きゅうこう》に達した。

日本軍の武漢作戦に従軍作家として随行した石川達三は、その体験をもとに一九三九年一月号の『中央公論』に「武漢作戦」を発表した。彼は「九江は混乱せり」や「難民とコレラ」の項で難民の状況についてふれている。

前者では、食に飢えた数千の難民が大きな群衆となって九江市街の大通りを歩いていると記した。難民は戦火から遠ざかるために瑞昌《ずいしょう》・星子《せいし》・徳安などに逃れたが、日本兵はそれらの地域を占領していたので「いたるところに家を失った難民は飢えさまようていた」という。

後者の項には難民区のことが描かれている。九江の難民区は、はじめは四〇〇〇人弱だったが、戦争が一段落した後、廬山《ろざん》などに逃れていた住民が戻って来て五〇〇〇人くらいになった。一日四〇俵の米をカユにして配給したが、とても賄いきれず、食糧を各自購入させるよう委員制をもうけたという。石川達三が随行したのは中支那方面軍による南京か

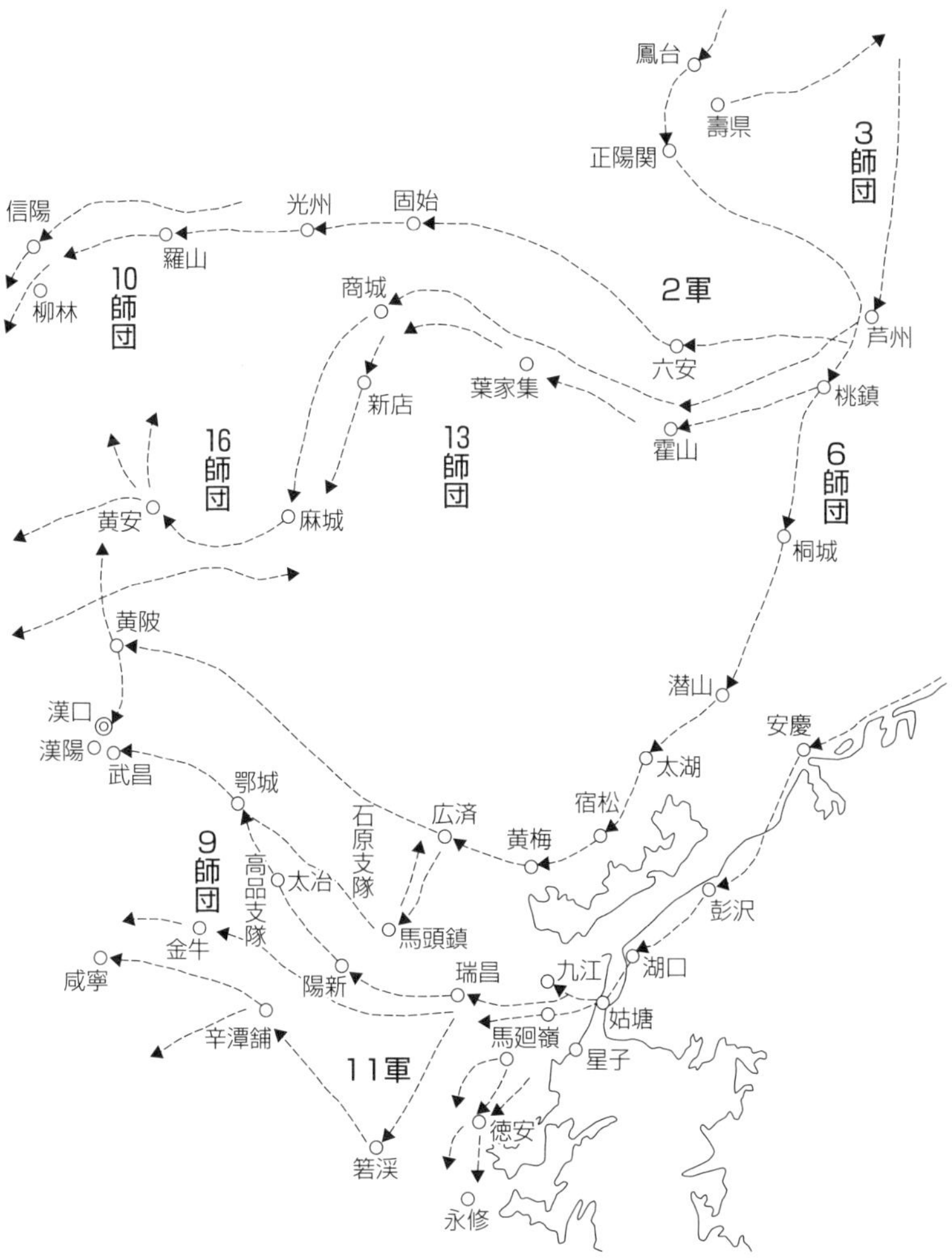

図4　武漢作戦図　「武漢攻略戦要図」(『近代日本戦争概史地図』戦史教養叢書刊行会，1964年）より作成

ら揚子江沿いに安慶・九江をへて武漢へと遡上する作戦であった。これらの地域の住民の多くが、難民として各地を右往左往することになる。

また浅野晃の『時代と運命』には九江の難民の状況を描写した部分がある。浅野は東大生時代に新人会に加わっていたが、三・一五事件で検挙された。その後日本浪曼派の詩人・評論家となるが、この時期中国の戦場で難民に遭遇し、記録を残した。

ちょうど細かい雨が降り続いて、路はひどいぬかるみだった。ところどころ石畳の部分があるが、ここも石のくぼみに水がたまって、歩行に苦しむ。そこを老婆や子供が、桶に水を汲んだのを天秤棒でかついだり、手に提げたりして、よちよち歩いて行く。真っ赤な泥水がなかでぼちゃぼちゃ揺れいている。揚子江の水だ。この地域は直ぐ江岸につづいているので、彼等は直接長江の水を汲んで来るのだった。……わたしは九江の難民区で、はじめて栄養不良と心労とにゆがめられた子供の顔を見たのだ。姑娘は全く姿を見せない。家の中へ入っても見えない。どこかへ隠れてしまうものと見える。老人と子供ばかりだ。老人は非常に多い。

九江の陥落は一九三八年七月二六日であった。八月九日に日本軍の特務班が九江に入ったとき、市内に残っていた難民は七七三九人であった。九月に入って特務班によって九江難民整理委員会が設置された。これには患者係・施粥係・労工係・軍票交換係・衛生係・

監察係が置かれた。再び『時代と運命』から九江の難民の状況をうかがおう。

当時これらの難民約八千人というものは、アメリカやフランスの教会、病院などに、身動きならないほどぎっしり詰まっていたという話だった。ことにフランス側に沢山あり、門戸を開けて入るにも不自由をしたくらい詰まっていたという。そこへコレラが発生したというのだから、その惨状を想像することが出来よう。

これらの難民たちのなかには、九江以外の住民が非常に多いということだ。言い換えれば、九江の住民はどこかへ逃げて、かえって九江の近在から避難してきた連中が、難民としてとどまっているわけだ。これは九江の市民が比較的財力をもっているものが多かったからでもあろうが、抗日意識の深さということも、見逃すことは出来ないと思われる。ただ残念なことに、九江の町は完膚なきまでに廃墟と化して、戦前の形態をつぶさに訪ねることが出来なかった。

九江治安維持会

一九三九年二月に九江治安維持会がつくられた。同年五月に取り扱った安居証発給数は三五二六件、所有家屋登記件数は二〇〇六件、借家希望登記件数は一一二件であった。日本軍は市内の要所に歩哨《ほしょう》線を敷いて中国人を検査した。良民証の所有者のみの通行を許可したのである。この時の九江の住民数は一万六四五六人で、男六七一五人、女六一四一人、各部隊使用苦力三六〇〇人であった。占領前の九江の人口は一〇万人弱だったというが、一年後になっても住民の居住人数がそれ以前の二割にとどいていなかったことがわかる。なお九江の難民数は六月末時点で八八七四人となった。

九江周辺の占領地でも、同様の措置がとられた。黄梅では五月一〇日から安居証の手続きが始められ、同月末までに四千余が発給された。廬山では五月一〇日までに粘嶺《ねんれい》在住の外国人全員に対して市内を自由に通行できる安居証が配布された。廬山の中国人難民三五〇〇人は、当初一三か所の避難所に収容されたが、徐々に自分の住居に戻る住民が出てきたので、五月初旬には二三三九人になった。九江特務機関月報には、廬山の窮民四二二人に米塩を給与したとか、難民に対して無料診療をしたとする記載があるが、これらは住民の民心把握のためであった。九江では四三七人、澎沢では八四四二人を診療したという。

揚子江南岸作戦と難民

一九三八年九月から一〇月にかけての徳安に至る戦闘は、急きょ編成された第一〇一師団と第一〇六師団が担ったが、国民政府軍の強い抵抗に遭って苦戦を強いられた。歩兵第一四九連隊戦闘詳報によると、廬山山系と鄱《は》陽《よう》湖《こ》にはさまれた山岳地帯なので行動が制限され、かつ九江から徳安までの道路にある橋梁はほとんど破壊されて砲兵や戦車の通過ができなかったという。そのため攻撃には毒ガスを多用することになったが、「全般的使用に於ては殆ど失敗に帰し、局部的使用に於てわずかに其の効果を認め」たという。九月八日の東孤嶺最高峰南方稜線の敵攻撃に際して使用した毒ガス攻撃は成功したと記されている。

空爆も多く用いられた。一〇月一〇日付の「呂集団発信電報綴」によると、第六師団参謀長宛の電信として「状況打開し得る迄《まで》連日陸海飛行機全力を以て猛爆を続行す」と打電されている。「石塚参謀自ら毎日飛行場に至り海軍機の活動を促しあり」との記載もある。この日第一〇六師団は老虎尖の最高地点を奪取され、「師団最後の危機」に瀕していた。第一〇六師団参謀長からは「師団予備隊の東正面は逐次崩壊しつつありて、師団も愈々《いよいよ》最後の厳頭に立つに至れり」「師団長以下既《すで》に悲壮の決意を固め尚《なお》最後迄健闘せん」との連絡が入った。激しい空爆の援護等によって、かろうじて師団崩壊の危機は避けられることになる。一〇月一二日、徳安方面から中国軍が撤退した。その一か月後の独立気球第三中隊戦闘詳報の記載によると、崇陽《すうよう》から通城《つうじょう》までの住民地の城壁はほとんど爆撃されていて住民の大多数はすでに逃亡していたという。

第一〇六師団に派遣されていた桜井鐐三参謀からの報告では、一〇月一五日の時点で死傷者の合計は二五〇〇人、そのうち戦死者は約八〇〇人ほどであった。負傷者の運搬に「住民を使用し度《た》きも住民なく、兵力を以てすれば担送患者約五百名に対し兵員二千を要することとなり、頗《すこぶ》る困難なる情況にあり」とある。戦死馬が一九七四頭にのぼったという報告もある。

徳安県難民の口述

中国側は、この戦闘で大勝利したと宣伝した。『江西党史資料　四二』は、「万家岭大捷」と題してこれらの戦闘を記録している。この資料集には、第二部として住民八九人の「口述史料」が掲載されている。その中から、難民の状況にも触れている三編の口述を以下に紹介しよう。

第一は、徳安県林泉郷の孫自誠（一九二八年生まれ）である。

日本人第一次飛行機が徳安県南門を空爆した。

日本人が来たその年に、新屋羅村に沢山の難民が避難して来た。日本人は彼らを殺した。その後難民の死体を井戸に押し込んだ。

楊橋塘屋の李家にいたとき、沢山の人が殺された。日本人は老百姓を油で焼いた。婦女を強姦した。呉山の桂家にいたとき、一人の女性を日本人が強姦した後、彼女は自殺した。

日本人が徳安に来たのは、私が一〇歳の時だった。日本人は、私をおどし、なぐった。私が塾で本を読んでいたとき、日本人がやってきて若い女性がいないか聞いて来た。先生はいないといったので、日本人は彼に平手を食わせた。

日本人が老百姓に対し日本語を使うことを強要したがうまく話せなかった。日本人は殴った。

日本人が徳安県に来る前は、徳安県城はとても繁栄していた。店も沢山あった。立派な家は日本人が使うようになり、住民は茅屋《ぼうおく》〔みずぼらしい家〕に住んだ。

第二は、徳安県摩渓《まけい》郡の郭経礼（一九二五年生まれ）である。

私は学校で読書をしていた。国民党の郷長が難民の名簿を作るために村にやって来た。難民証を発行して、逃げられるようにした。その郷長は熊訳木といった。山に逃げる前に、日本人がすでに塘山にやってきた。我々の村の老人の家、郭訳川といったが、一担の粟米を持って山に逃げた。他の人は逃げなかった。私と兄たちは永修の山の洞窟に行った。日本軍の飛行機が爆撃した。私はおびえて地にはった。

一九三九年一二月の頃、郭家に日本人が侵入するのをとめるため、少しの水を提供し、彼らを休ませた。再び村に来た時、老人を残し、女性らは山に逃げた。二回目に来た時日本人は村人を殺した。

三人目は徳安県聶《しょう》橋《きょう》鎮の叶存堂（一九二一年生まれ）の口述である。

日本人が来た時孫家に住んでいた。その後伍家に行った。その後また山の頂上に行った。日本人がいたとき、ぶたれたりしていた。

伍家に難民が隠れていた。ちょうど一群の日本人が山の方から来て、多くの難民を殺した。その数一〇人を越えていた。そのうち数人は村民だったが、大部分は難民だった。日本人が伍の家に手榴弾を投げ込んだので、三、四人が死んだ。

漢口侵攻と難民

漢口の陥落は一九三八年一〇月二三日である。満鉄上海事務所調査室の資料によると、漢口侵攻前の武漢の人口は一二〇万人（漢口八〇万人、武昌三〇万人、漢陽一五万人など）であったが、日本軍の進駐にともない仏租界等にわずかな人々が残った以外ほとんど人影がなくなったという。戦闘がおさまるにつれ、住民は漢口市周辺の堤防に列をなして戻って来た。一〇〇万人近くまで人口は回復したと記されている。当時従軍画家として漢口に滞在していた藤田《ふじた》嗣治《つぐはる》の『随想集　地を泳ぐ』には、以下のような難民についての叙述がある。

漢口の街には、退却した中国兵士に取り残された避難民が、ここにもかしこにも散在していて、家屋の前に、路頭に、わずかばかりの手廻り道具とともに、雨に打たれながら、憐れな眼をすえたまま、気力もなく立ちすくんでいる。家々の壁には英仏伊等の国旗を盛んにはり付けて、権益保護のもとに破壊をまぬかれ様とした苦心の跡が見える。随分乱用があるらしい。なお垣壁には幼稚なスローガンが未だ筆太に沢山残っていた。

許艶によると、武漢には五〇万人の難民が流入したという。武漢難民収容所の統計では、流入難民の籍は江蘇《こうそ》省が五三％、安徽《あんき》省が二七％であった。他方武漢陥落直前の三日間に七五万人の住民が脱出し、五六万人が宜昌《ぎしょう》に向かった。

武漢治安維持会の成立と難民区

一九三八年一一月二五日には武漢三鎮を管轄区域とする武漢治安維持会が発足した。同会は、治安の維持のため難民救済事業を担当することになった。武漢市档案館『淪陥時期武漢的政治与軍事』に収録されている武漢市治安維持会の議事録によると、一二月一四日の第二回会議で、日本軍特務部の保護の下に三か所に難民区を設置することになった。一二月二〇日の第三回会議では、難民区を薬王廟前街に置くこと、漢口紅十字会などがそれらを管理することなどを決定した。日本軍特務部の下で武漢の治安維持体制が発足したのであるが、難民救済事業は民間団体が主導することになった。一九三九年一月二四日の第七回会議で、「救済難民具体弁法案」が決定された。第八次会議で、そのための予算として三万五〇〇〇元が認められた。約一万六〇〇〇石の施し米を手配したり、医療業務も実施したという。同年四月には武漢治安維持会を母体として武漢特別市政府が発足する。

難民区の管理には、潜入する便衣隊《べんいたい》（民間人と同様の服装をした部隊）への対応のほか、日本軍人による略奪等を防止しなければならないなどさまざまの問題があった。秦特征

(『武漢文史資料文庫』所収)によると、漢口には一つの難民区と一つの日華区があった。両方とも日本軍が統治している特別の区域であった。

難民区の範囲は橋口から利済路まで、襄河辺から中山大道までで、中国人がその中にすでに居住していた。日本人はその中には入らなかった。管理機構は基督教会組織「循道公会」が担い、普愛医院の院長が協力していた。その組織は漢口難民区委員会が担当した。難民区の周囲には鉄条網が張りめぐらされ、出入口では毎回「安居証」(通称「派司」)を掲げた。帽子をとり憲兵におじぎするが、殴られたり、刑罰をうけたり、遊撃隊の嫌疑を受けると殺されたりした。その後難民区の範囲は拡大し、利済路から大《たい》夾街《がが い》まで延びた。武昌にも一つの難民区があった。

日華区は漢口民権路から民生路の間の一帯で、日本人と中国人が混住している地域であった。日本人は少ないが、商店が並んでいる中山大路には日本の商店や会社の商業部門があった。そこでは中国人も商業上の権利を持っていた。日本の陸海軍の勢力範囲も分けられていた。漢口界隈路(合作路)以北は陸軍の管轄で、以南は海軍が管理していた。

空爆と難民

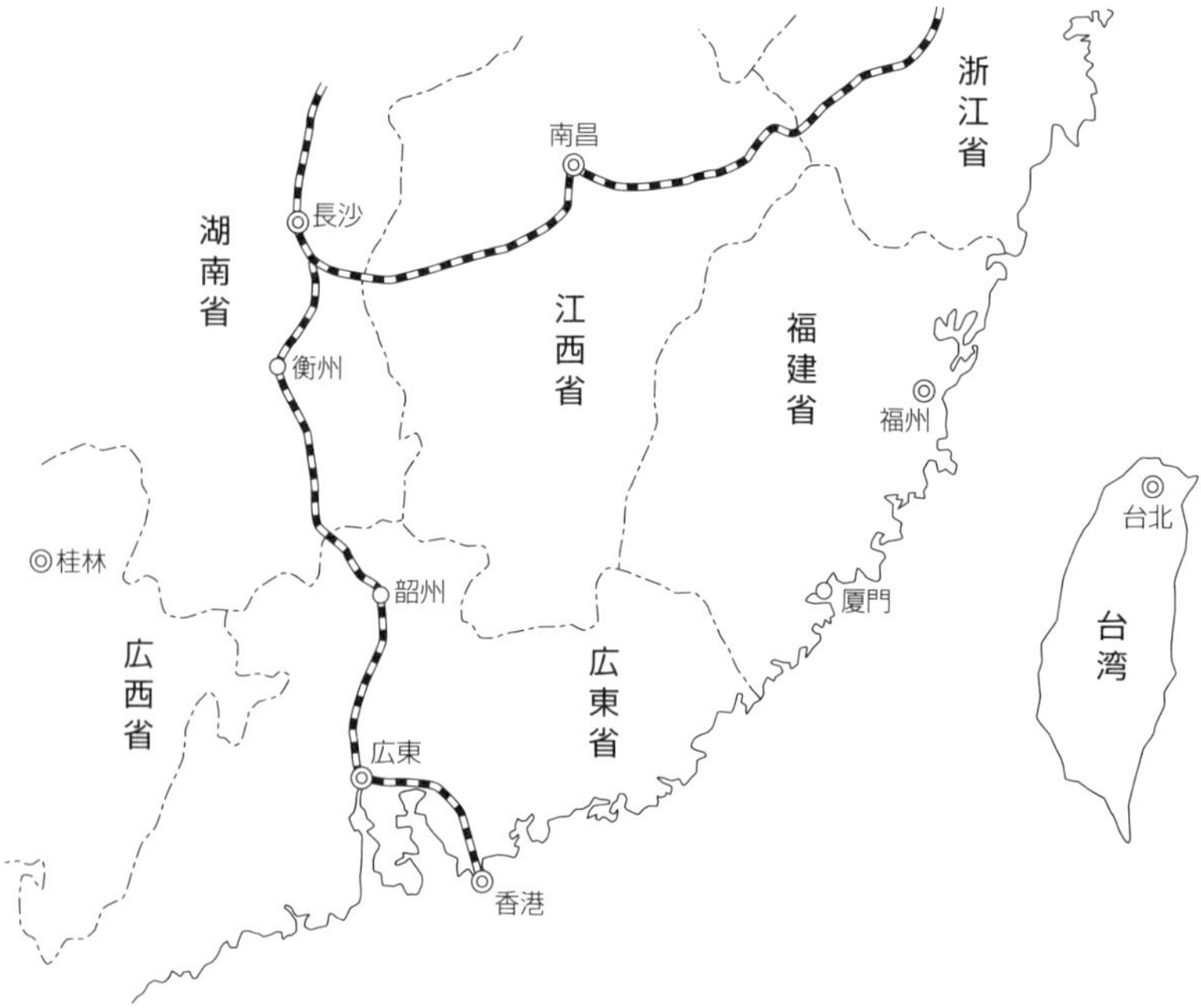

華南略図　「中国全図　1938年」(「読売新聞」1938年10月15日附録)より作成

広東空爆の衝撃

広東空爆の報道

日本海軍最大の航空母艦である加賀から飛び立った艦載機は、一九三八年五月二七日未明に突然広東《カントン》市内中心部への爆撃を開始した。実はこの爆撃は、日中戦争の帰趨《きすう》をも左右する大きな国際的影響を与えることになる。「広東南部に百万以上の住民が血迷っている」という出だしでこの爆撃を報道した五月三一日付のデイリー・オピニオン（インドシナ）は、以下のようにその状況を伝えている。

数世紀の間かかる野蛮行為をみなかった。平和に対する学徒の代表が通行している街を爆撃することを止めなかった日本は全世界に不倶戴天《ふぐたいてん》の敵なることを示した。二十機は今朝又爆撃して来たり、広東中央公園の北部及び公共建築物に爆弾を投下した。

この記事の特徴は、広東中心部への空襲による直接の被害とともに、「百万以上の住民」が難民化したことを大々的にとりあげていることである。一〇〇万人という数字がどこから出たかに疑念があるが、その後これに関連する記事が連日伝えられることになった。

六月六日付厦門《アモイ》発電は、「広東の物凄い爆撃は数千の避難民を厦門に殺到させ」「厦門に宿泊所を見出し得なかった多数は香港へ」向かったと伝えた。六月七日発セントラル・ニュースは、多数の婦人子供が広東を退去しつつあり、すべての列車や汽船は積載限度まで載せていると報じ、日本の爆撃機が停車場や埠頭を攻撃目標としていることを批判した。カントン・デイリー・サンは、「先週中少なくとも十万人が広東を引き払って広東省奥地、香港及び澳門《マカオ》に向かった」としており、先の一〇〇万人という数字よりもかなり控えめである。六月一三日付のセントラル・ニュースは、「最近の日本軍の空襲により十万以上の民衆が生計を失った」と記している。

諸新聞の記事は、五月末からの一週間程度の空襲によって一〇〇万人以上の住民が難民化したということでは一致している。広東省政府は難民移動を助けるために二〇万ドルを支出し、彼らを奥地の開墾事業に送り込むことにしたという。

広東空爆の開始

航空母艦加賀の艦載機による空爆の戦闘詳報に即して、まず一九三八年四月三日からの南支第七次作戦を見よう。四月三日に福建省の福州飛行場に向けて第一攻撃隊の艦上攻撃機九機、艦上爆撃機九機が飛び立った。このとき二五〇瓩隊は飛行場の格納庫へ二弾、飛行場管理所建物に四弾を直撃し、さらに民家にも一弾命中、また至近弾一弾と記している。「二五〇瓩（キログラム）」とは爆弾の重量のことで、その爆弾を積載できる飛行機の部隊を二五〇瓩隊と呼んでいた。六〇瓩隊は飛行場命中一二弾、民家命中二弾、とある。図5はこの攻撃を報告した戦闘詳報に掲載されている図である。

四月四日には浙江《せっこう》省温州の西部にある麗水《れいすい》飛行場への爆撃が実施された。その戦果は図6に示されているように「付近部落に六〇瓩七弾命中大損害を与」えた。翌五日、第一攻撃隊は「東隅側民家に二五〇瓩二弾」を命中させたという。第二攻撃隊は二五〇瓩弾について「漳州《しょうしゅう》市街に一弾、飛行場に一弾々着相当効果ありたるものと認」めた。漳州とは、広東省に接する浙江省の都市である。六〇瓩弾は「飛行場付近部落に五弾命中之《これ》を粉砕、九弾飛行場内に弾着効果大なるもの」があった。

四月六日には第一攻撃隊は広東に向かった。上空の雲が厚かったので目標を変更し、粤《えつ》漢《かん》線南部の西村江村付近の村落に二五〇瓩弾四弾を命中させ「同部落を粉砕」した。六〇瓩隊は江村駅に二弾、「州上の民家に四弾命中」するなど相当の損害をあたえた。いずれも直接の攻撃目標は飛行場や鉄道であるが、実際には民家も同様に目標とされた。戦闘詳報には「部落」や「民家」に爆弾が命中したことを戦果として記録しており、飛行場など

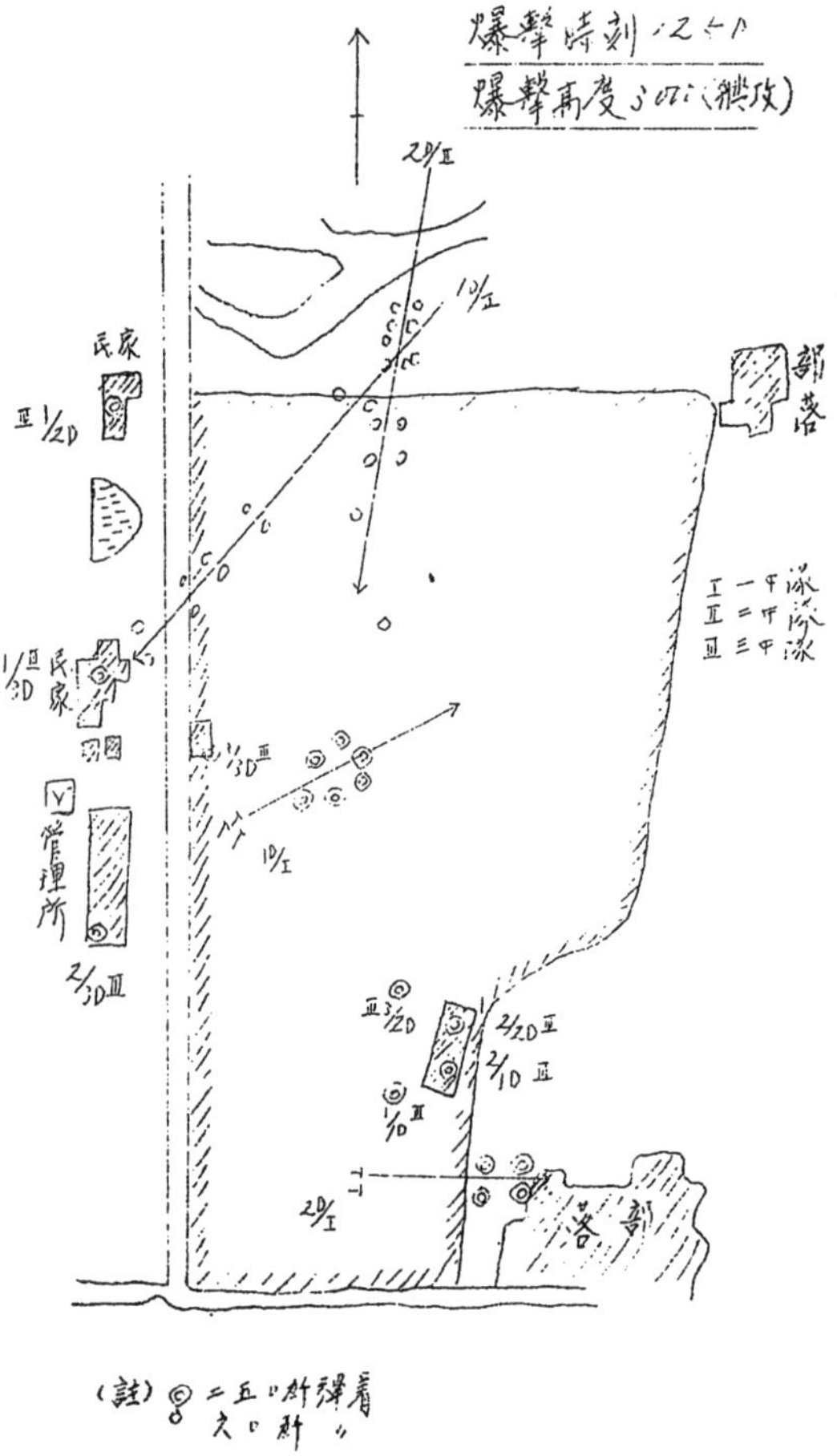

図５　空母加賀の艦載機による福州飛行場空爆
「戦闘詳報（南支第七次作戦）　軍艦加賀」防衛省防衛研究所所蔵，JAGAR：C14120556500

と同様の爆撃目標として認識されていたことがわかる。

四月三〇日からは南支第八次作戦が実施された。同じく戦闘詳報によると英徳駅や沙口《さこう》圩《う》駅など広東と漢口を結ぶ粤漢線の停車駅への攻撃が主であったが、五月六日には英徳市

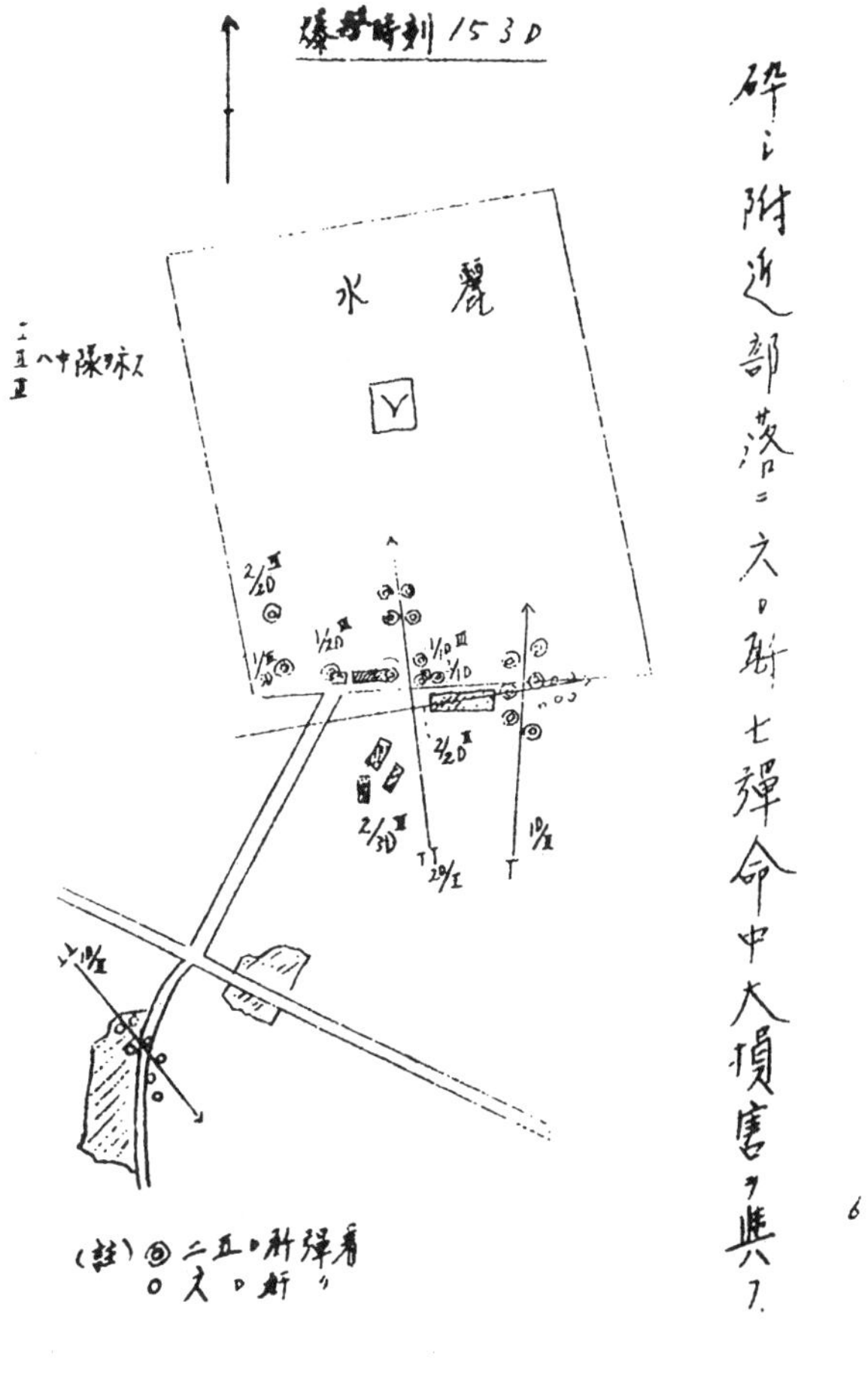

図６　麗水飛行場への爆撃　「戦闘詳報（南支第七次作戦）軍艦加賀」同前所蔵

街に「六〇瓩一二弾々着、三か所炎上、数十戸焼失」とある。備考欄には「城内家屋十数軒焼失、死傷百余」と記されており、住民の死傷者が出たことを確認している。ちなみに機銃弾のうち家屋を延焼する効果が大きい焼夷弾は、前日には四五四弾のうち四九弾であったが、その日は二四六弾中の八二弾に増えた。

五月一二日には、第一攻撃隊が安全装置の不良により一弾を広東市内東北部に投下したのみとある。第二攻撃隊は高要飛行場付近の市街を爆撃し、「市街一部大破」させた。一三日には第一攻撃隊が民家に三弾を命中させ「之を粉砕」した。一四日の第一攻撃隊の目標は高要飛行場であったが、「飛行場東方部落命中六弾家屋数棟爆破」とある。越えて五月二七日には第一中隊（二五〇瓩）が石竜市街に二弾々着させ、付近の家屋を爆破した。第二中隊（六〇瓩）は石竜付近の鉄路付近の家屋に六弾命中させた。ここまでは広東周辺地域への空爆であった。

広東市街地空爆　一九三八年五月末には一転広東市街地を目標とした空爆が実施された。五月二八日から始まった加賀搭載機による第九次作戦は、厦門空爆後の中国側の動揺に乗ずるために初めて企図されたもので、本格的な広東市街地の空爆となった。戦闘詳報には次にように記されている。

此の機に乗じ倍々此の情勢を波及激化せしむると共に中支作戦の進攻に協力せんがた

め、従来空爆を差し止められありし広東市に対しその軍事施設に限り猛然爆撃を令せらるるに至れり。広東市が刻下蔣政権の恃《たの》む最大の兵資輸入港たるは屢次の戦闘詳報に述べたる処にして其の防空施設たるや鋭意之《これ》を経営し新式高角砲及防空機銃を併せて七〇門を下らざるべしと偵知せらるるか如き現状にして、極めて厳重に武装せられたる都市たりと言わざるべからず。且《かつ》市街には随所に第三国権益散在するのみならず、其の所在並《ならび》に標示は確度に乏しく爆撃の計画実施に当りては甚だしく困難を伴う実情なりき。

後述するように、従来の歴史叙述ではほとんど注目されることがなかったこの広東市街地への空爆命令こそ、日中戦争がアジア太平洋戦争へと拡大する最も重大なターニングポイントとなった。先の戦闘詳報には爆撃目標を「軍事施設に限」るとしているが、実際には住宅や公共施設が目標になっていた。

戦闘詳報から住居や公共施設にかかわる爆撃の記述を追おう。五月二八日の第一攻撃隊一六機による成果としてあげられているのは、「広東市内家屋に偏弾二五〇瓩弾三弾命中之を粉砕」「黄沙駅東北方市街に偏弾六〇瓩一二弾命中炎上」である。偏弾とは目標を少しずらして射撃することであるが、気象条件等により目標をより正確にとらえることができる戦法であるとされる。第二攻撃隊八機（二五〇瓩）は「黄沙《こうさ》駅付近市街に二弾命中之に大損害を与」えた。省政府に一弾を直撃し、「之に大損害を与え」、付近の建物にも一弾直撃してこれを「粉砕」したという。図7は、この時の爆撃の成果を示したものである。第四攻撃隊の八機により飛行機修理工場を大破したときに「付近市街及び二沙頭に夫々《それぞれ》一弾弾着」し、民家に多少の損害を与えた。省政府に二弾を直撃したが破壊させるには至らなかった。一弾を市街に着弾させた。

五月二九日には、第二攻撃隊（二五〇瓩）九機が、省政府に七弾、財政府に二弾を直撃させ、「両府の建物を大破」した。三〇日には第一攻撃隊一三機が電力工場の建物を大破してから「付近部落民家に二弾、工場隣接の建物に二弾の偏弾命中」させた。第二攻撃隊九機は市政府の建物に一弾直撃したが破壊するに至らず、省政府には二弾を直撃して「建物を大破」した。なおこの時の偵察飛行では、避難民を満載して香港に向けて航行する船舶が多かったことが報告されている。

次に爆撃記録があるのは六月四日である。第一攻撃隊一九機は、珠江《しゅこう》大橋の北側にある省党部付近に二五〇瓩弾四弾、六〇瓩弾二四弾を命中させ、また東側の無線電局らしい建物に二五〇瓩弾四弾を命中させた。「両者共に粉砕褐色の煙を上げ炎上」した。第二攻撃隊は第一公園西側にある保安総隊に二五〇瓩二弾を命中させて破壊し、付近建物に三弾、広州市公安局に一弾を命中させて大破した。六月五日には第二攻撃隊九機が二五〇瓩弾を

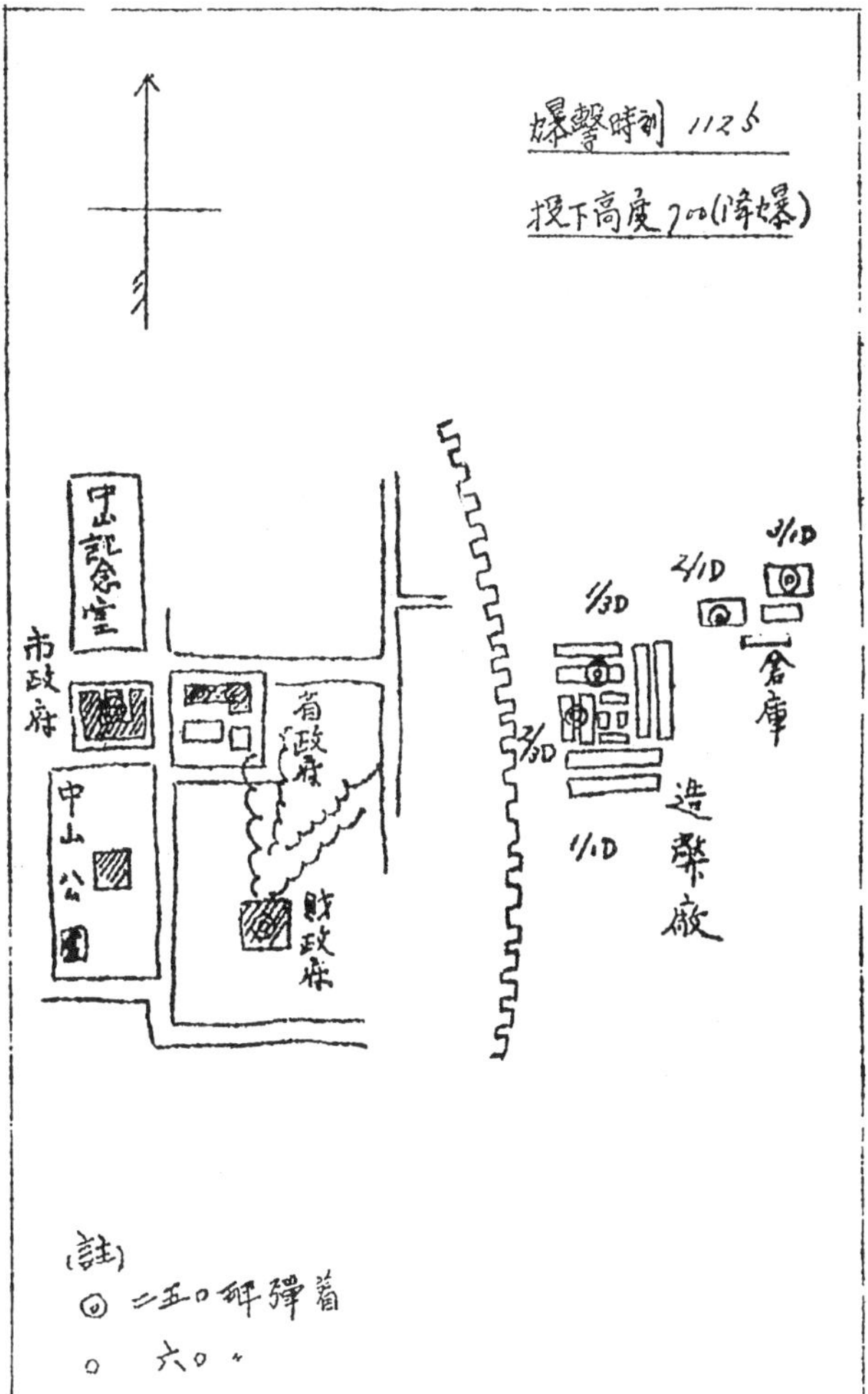

図7　広東市街地への空爆　「戦闘詳報（南支第九次作戦）軍艦加賀」防衛省防衛研究所所蔵，JAGAR：C14120557400

市政府に二弾命中させたが大破に至らず、省政府への一弾により大破炎上させた。さらに「社会局に一弾命中大破、陸地測量部に一弾命中大破炎上、中山大学に一弾命中大破」「其の他三弾は市街に偏落」させた。この加賀搭載機による広東方面の攻撃は、六月末には規模を大きく縮小させた。「六月二十五日を以て搭載機の約五分の二を縮減」したからである。

広東爆撃の様子

先に引用したリリー・アベッグは、広東の鉄道爆撃についてもリアルに叙述している。空襲下の住民避難の動向を知ることができるので以下に引用する。

広東地方における鉄道の各停車場、およびその付近の建物はほとんど完全に爆破された。当時の表現によれば「寸断された」のである。汽車はそのちぎれた部分を静かに運転した。傍らには爆弾のために投げ出された貨車や客車、或は破壊されたそれらの残骸が散乱して、猛爆のあったことを物語っている。そして、汽車は時々新たに敷設された補助線路上を、注意深く通過する。これは爆撃のために顚覆した機関車や貨物列車を取り片付けるために造った仮鉄道であるらしい。あるときには、わずか九時間足らずで、水田の中に仮鉄路を敷いた。かくの如き迅速な仕事は、模範的に訓練された警報隊や、補線工らの力によるものである。

夏の間、人々はたびたび空襲警報のため、列車を乗り捨てて急いで山に登り、岩にすがって遠方へ逃げた。いざ空襲というとき最も狼狽するのは、纏足《てんそく》した老いたる支那夫人である。これらの婦人を避難させるためには、その全家族が助けねばならない。旅客が全部降りてしまうと、汽車は少し前進して、列車は二分、あるいは三分され、そして各列車は着剣の兵士に守られる。これら護衛の兵士は、たとえ爆撃されても、また機銃の掃射をうけてもその場を去ることを許されなかった。旅客列車は爆撃をうけぬのが普通であるが、あまり沢山の貨物列車を連結している場合には、日本空軍は時々これを爆撃した。

大体において、広東—漢口間を約五〇時間で走ったが、時にはひんぱんな空襲のために、四、五日かかることもあった。広東で、一時多くの橋が使用に耐えなくなったときは、折り返し運転をし、川のあるところではジャンクで連絡した。三週間という長期に亘る交通停止が、一九三八年八月に一度あった。湖南省の鉄道が日本空軍に狙われたのは、一九三八年の夏である。

日本側の対応

広東空爆をめぐる一連の批判的な報道に対し、六月一日に日本の外務省情報部長が談話を公表し、中国政府がアメリカとヨーロッパの世論に向けて感情的な主張を喚起していると批判した（『日本外交文書』日中戦争第三冊）。第一に、広東は無防備都市ではなく、強力な防衛設備を備えている。第二に、日本の空爆の目標は軍事基地や軍需工場に限定されており、それらの施設に効果的な爆撃を実施した。第三に、攻撃機は住民の居住地を目標としておらず、彼らを危険にさらすことはなかった。住民の被害は、中国軍が反撃のためむやみに多くの鉛弾が入っている榴散弾《りゅうさんだん》を撃ったことによって起こったのだろう、と弁明した。

海軍省軍事普及部は『広東の恐怖』と題する日本国民向けのパンフレットを配布した。五月二八日から三〇日までの「猛烈な空爆」によって「粤漢鉄道の起点および市内外に散在する敵軍事施設に多大の損害を与えた」とし、「本爆撃により広東の人心動揺甚だしく、逃亡者続出、香港への避難者は二十九日一日のみにても四千人を数え、余漢謀は人心安定の談話を発表する等、市当局の狼狽またその極みに達したるが如し」と記した。海軍は「多大の損害」を与えたこと、多数の難民が出ていることを認め、誇示した。

その後外務省情報部は一九三八年六月二九日付の『週報』八九号に「広東爆撃の波紋」と題して見解を公表した。その内容は、広東は武装都市で、日本の爆撃目標は軍事施設に限られていたこと、非戦闘員である住民や第三国の権益の損傷を目的としたことはない、と先の情報部長談話の内容を繰り返すものであった。非戦闘員に被害が出たことについては、中国軍の榴散弾によるものであるとの従来の説明は行わず、戦闘の途上に起こったことなのでやむを得ないとした。

この記事では、唯一広東空爆に対する英米の対応について言及していることが注目される。英国の場合、広東爆撃と同じ時期に英国商船一八隻が内戦中のスペイン沿岸で空爆された事件があり、それとあわせた対応策が六月八日と九日に英国政府内で審議された。政府は両空爆問題の調査委員会を設置することを各国に提案することになった。チェンバレン首相は六月二一日に開かれた議会で、空爆を防止するための国際協定締結について英国政府は用意があると述べた、という。

米国でも、六月一三日に、上院のピットマン外交委員長が空爆停止措置について議会で調査することを求める決議案を提出した。前フィリピン総督のルーズベルトが会長を務める中国難民救済連合委員会が広東空爆を問題視して批判するなど、対日感情は相当悪化していると記した。ただこうした英米両国の反応を知らせる外務省情報部の記事は、それを「感情的な非難」であると裁断し、日本軍の爆撃は徹底的に継続されるべきだと結んだ。

米国政府の道義的禁輸措置

米国のハル国務長官は広東市街地への空爆の直後の六月一一日に、この空爆を直接批判した。ハルの回想録（The Memories）には次のように記されている。

一九三八年六月一一日に私は繰り返される住民集住都市への空爆への非難を公的に表明

した。そのときそれに付け加えて、爆撃機の製造業者についてふれた。六月一六日、私は大統領にノートを書いた。そのなかには武器統制局長のジョセフ・グリーンによってサインされた手紙のコピーを同封した。それは航空機や航空機備品の製造会社や輸出会社の一四八の会社と人物に国務省への登録を私が求めることが記されていた。ハルはこの時、単なる非難声明では効果がないので、日本への航空機や関連備品の輸出にかかわっている関係会社に働きかけて日本への輸出統制を実施しようとしたのである。駐日本米国大使のジョセフ・グルーが広東爆撃に対して記した感想はより率直である。グルーは、この空襲を「現代戦における最悪のエピソード」だとし、ここで下された汚名のため「日本の名声は再び回復することができない」とした（『滞日十年』）。グルーは英国大使などとともに日本の外務大臣に正式に抗議した。ハルの六月一日の抗議表明は、グルーの回想録である『滞日十年』の記述に対応している。グルーは六月九日に堀内謙介外務次官に会い、次のように述べた。

大規模な空襲によって民衆の大多数が死傷をうけることが、米国の世論にどんな悪効果をおよぼすかということを指示し、また、かかる行動によって得られる軍事的利益と、必然的にそれに伴う大虐殺が外国、特に合衆国の日本を見る眼に悪影響をおよぼすことを比較するとき、果たして前者は後者の存在を無視してもいい程に重大なのかどうかを質問することである。外務省が日本の対外関係に責任をもつ以上、これは主として外務省に関係のある問題の一面らしく思われる。どこで、またいかにして行われるにせよ、一般民衆を爆撃するという事について、米国政府と米国民とが、どんなに深い人道主義的の関心を抱くかは、日本政府が常に念頭におくべき最も重要なことだと思われる。

グルーは堀内外務次官の話しぶりから、日本側が何らかの対処策を示すとの感触を得た。その直後から広東市中心部への爆撃は一旦おさまった。ただ住民の居住地域を含む広東周辺への爆撃はその後も続けられた。

そこで米国は六月一一日、非戦闘員への空爆を行う国に対する飛行機輸出抑制の警告的宣言を発した。道義的禁輸措置である。関連して米国から日本への中古船購入契約も一〇件以上不許可になった。

さきの外務省情報部の記事でふれられた六月一三日の議会上院ピットマン外交委員長の提案は、非戦闘員への空爆を批判し議会の対応を協議するための委員会を設置するというものであったが、結局設置は見送られ道徳的な批判のみ採択されたという。それにしても広東爆撃を受けて国務長官・駐日本米国大使・議会のそれぞれが、日本軍による非戦闘員への空爆を強く批判する態度を鮮明にしたことは注目される。米国内ではなおできるだけ他国への関与を避ける孤立主義的な態度が支配的であったが、にもかかわらずこの時道義的禁輸の実施へと踏み出したことの意味は大きい。

都市爆撃の拡大と日米通商航海条約廃棄

空爆の連鎖

広東市街地空爆に続いて、一九三八年一〇月には陸上兵力による広東作戦が実施された。陸軍と海軍による中国大陸各地への都市爆撃が実行され、日本はさらに国際的非難を浴びることになった。

海軍はすでに同年二月一六日の御前会議で「今後空襲を容易ならしむる為には尠《すくな》くとも楊子江方面に於ては安慶、南支に於ては香港付近に飛行基地を獲得する必要」があると述べていた。これは前年の一九三七年八月以来実施されていた華中方面への都市爆撃を踏まえた発言であった。

海軍の特設航空部隊と陸軍の航空兵団は、上海・南京・広東などへの都市爆撃を恒常化させていた。巌谷二三男『海軍陸上攻撃機隊史』の巻末には同隊が行った空爆を含む「中攻隊年譜」が載っている。四川省重慶《じゅうけい》の初空爆は一九三八年二月一八日、雲南省昆明《こんめい》は九月二八日と記されている。海軍省軍事普及部の社会記事資料（「海軍省公文備考」）の雲南省昆明空爆手記の前書きには「昆明に猛爆を加え、敵軍の狼狽、民心の動揺其の極に達した」と綴られている。同普及部は三回にわたり『支那事変に於ける帝国海軍の行動』を刊行したが、そこには一九三七年八月一三日の杭州や広徳飛行場への爆撃以降の主要空爆地と攻撃状況が逐一掲載されている。

一九三八年一二月二日に大本営は漢口・広東作戦後の方針を示し、長期持久体制に移行すると命令した。北支那方面軍は河北省や山西省の治安を安定させる、中支那派遣軍は上海や南京の治安を回復しつつ主要交通線を確保する、作戦地域は安徽《あんき》省の安慶から江西省の南昌間とする、とした。治安維持のための消極作戦に対し、一九三八年末以後の攻勢作戦の中心を、航空機による要地爆撃に置いた。『支那事変に於ける帝国海軍の行動』によると、華南では一九三八年一二月下旬に桂林《けいりん》、翌一九三九年一月に入ると貴県・北海・欽県などに空爆を「数知れず敢行」した。華中では一月八日と一二日に湖南省の衡陽《こうよう》、一五日に重慶を爆撃した。二月に入ると四日に貴州省の省都貴陽、五日に広西省宜山、六日に貴県を空爆した。浙贛《せつかん》線交通路攻撃部隊は、二月四日に四川省東部揚子江沿岸の萬県、六日に常陽を爆撃した。また一三日には西安、二〇日には甘粛《かんしゅく》省蘭州を攻撃した。この頃から海南島作戦が始まったので海軍航空部隊はその支援も担当することになる。日本の戦略爆撃の範囲は華中・華南・華北の全域へひろがっていく。その詳細は前田哲男や笠原十九司、荒井信一らの研究で明らかにされている。戦略爆撃は敵国民の戦争意志を挫折させるという総力戦の一環として行われたので、空爆にともない住民の多くが難民化することは必然であった。

空襲の被害

日本軍航空機による空爆は、地上に住む住民にとっては空襲であった。一九三八年六月の広東作戦にともなう空襲では、一〇万人以上の住民が生計を失なったという。さきに見たように広東への爆撃によって一〇〇万人以上の住民がさまよっているとの報道もあった。難民の多くは広東省の奥地や香港・厦門《アモイ》に向かった。そのため厦門の人口は一五万人から二〇万人に増えた。香港の人口は一九三七年中に一〇万人増え、一九三八年六月までにさらに七万五〇〇〇人増加した。盧溝橋事件直前の香港の推定人口は一〇〇万人余であったが、その後の五年間に五、六〇万人が増加した。増加分はほぼ戦争難民であったという。香港側八三万人、九龍側七七万人の合計一六〇万人になった。戦争の進展に伴い多くの難民が狭小な香港に殺到したので、食料品価格が騰貴し、重大な社会不安をもたらした。一九三九年には香港政庁に食料統制委員会が設置され、また物価統制令も施行されたが、効果はあがらず、食料品価格は一・四倍からやがて二倍に騰貴した。

このころの空襲の状況を伝えるアメリカの通信社UPの重慶発電報が、北支那方面軍（杉山部隊）報道課の「在支外国通信員発電綴」のなかにある。発信されたUP電により空爆の被害状況を見よう。まず広東省北部粤漢線沿線の韶州《しょうしゅう》である。一九三九年一月一六日までに合計三一回爆撃され、九九四個の爆弾が投下されたという。非戦闘員の死傷者は七〇〇人で、家屋七三〇戸が倒壊した。

二月四日には四川省萬県と貴州省貴陽に多数の焼夷弾が投下された。「開戦以来最も破壊的な空襲」であったとされる。中央通訊社の報道によると、貴陽は消火設備が整っていたものの主要な書店・図書館・中央通訊社が壊滅した。貴陽の死傷者は五〇〇人以上にのぼるといわれた。萬県は近代的消防設備がなかったので、甚大な被害を被った。米国人が所有するオー・イー・ヴァンゲール会社萬県支社から同社重慶支社宛の二月五日午後の電報によると、萬県の空襲で同社とウエルネイ・ジー・スミス会社が破壊された。フラシス・カトリック教会や同市の回教寺院、萬県時事日報・四川晩報ライフ書局・抗日戦事協会・中国銀行・重慶銀行支店も焼失した。萬県の死者六〇〇人、死傷者合計は一〇〇〇人以上とみられた。中国で生まれ、南京陥落時に難民支援活動に従事していたアメリカ人の社会事業家ジョージ・フィッチは、この空襲にふれてアメリカの禁輸強化を訴える次のような趣旨の講演を行った。

米国製造業者は日本に対し武器弾薬の供給を断然停止したが綿鉄の如き原料品およびガソリンの如き戦時必需品は今尚大量に日本に送られつつあるが故に、支那は日米両国と戦争するのと同様である。米国下院が日本に対しかかる商品の輸出を禁止する法律を数ヶ月以内に通過させることを望むものである。米国商人がこれらの輸出を続けるのは無知と貧欲に基づくものだ。

南アジア教会監督長であるパドレー牧師もインドのデリー市から次のようなメッセージをアメリカ国民向けに発した。

米国の金銭、鉄、石油、綿が無法なる日本政府により取り入れられ日本軍将領により強力にして忍耐力ありかつ平和を愛好する支那を一層辱めかつ破壊するために用いられつつあることは言語道断である。

桂林―貴陽間の通路上にある宜山には、二月五日に一三〇筒の焼夷弾が投下された。死傷者は六〇〇人にのぼったという。二月二一日の宜昌の空爆では地方法院の建物が破壊された。空襲によりそれまでに一〇〇〇人以上の死傷者、約六〇〇人の死者が出たという。

一方重慶爆撃は気象条件が悪く一月一五日の爆撃以来一か月以上行われなかった。その間に住民の特別退去命令が出された。人口六〇万人のうち二〇万人が避難したという。潼関《どうかん》の人口は五万人から三万人に減少した。住民は谷奥の洞窟に移り住んだ。UPの通信員がその様子を視察したところ、住宅難で外来者は寝台を使えず避難壕で過ごしていたという。砲撃の間に婚礼や葬式の行列が通ったりしていたが、「谷間の両側に造られている深い交通壕と一日の内数時間にわたる住民の緊張とは死が常に身近にあることを物語っている」と報じた。

米国の空爆非難

米国国務省が一九三八年五月末の広東空爆の際に、一般住民が居住する広大な地域に対する日本軍の爆撃を非難したことは先に指摘した。六月一一日のハル国務長官声明は、無防備地域空爆を非難し、航空機製造業者に道徳的禁輸措置を求めた。この姿勢はその後も維持されていたので、同年末から始まった日本軍航空機による大々的な中国要地爆撃を見逃すことはできなかった。

一九四〇年三月三〇日付で在日本米国大使グルーから有田八郎外務大臣に宛てた米国政府の空爆被害抗議の電報には、それまで米国政府が日本政府に通報した米国人財産に対する空爆が次のように列挙されていた（『日本外交文書』日中戦争第三冊所収）。

一九三八年秋以降南昌や桂林の米国人経営の会社や教会に大きな被害が出た。教会の職員や教会に避難していた人々が死傷した。一九三九年一月から三月にかけては日本政府に教会や学校、会社、病院など二八件の空爆被害を通告した。日本政府に通知した米国財産への損傷事例は、通算すると一三五件にのぼる。米国政府は再発防止を求めるが、もし空爆被害が継続する場合は遺憾なる結果がもたらされることになる、との激しい抗議通告であった。

米国議会でも日本軍による空爆の実施やそれにともなう難民の続出などへの懸念が強まっていた。下院には対日軍需物資禁輸法案が提出された。下院外交委員会は七月一九日と二〇日に公聴会を開き、南京に在住していたフィッチ宣教使夫人とブレイクスルー教授から対日軍需物資禁輸法案に賛成である旨の意見を聴取した。出席委員からは同案が日米戦争の惹起《じやっき》につながるとの反対意見が示され、論争になったという。一方議会上院では、禁輸法案を成立させると日米通商航海条約破棄のために必要な六か月の予告期間の条項に抵触してしまうとの疑義が示された。そして七月一八日、共和党のヴァンデンバーグ議員は日米通商航海条約の廃棄通告決議案を上院に提出した。ハル国務長官は回想録に、禁輸法案ではなく反対党から提出された日米通商航海条約の廃棄案を受け入れる決心をしたのはこの時であると記している。ヨーロッパの軍事情勢の変化に対応するために議会に求めていた、中立法を修正して武器輸出を解禁する案が承認されない状況の下で、日本に対してより強い手段をとることが他国の事態には介入しないという孤立主義を打破する突破口として有効であるという判断もハルにはあった。

日米通商航海条約の廃棄

一九三九年七月二六日、日米通商航海条約の廃棄通告が発された。堀内謙介在米国大使はこの廃棄通告が日本にとってまったくの寝耳に水の出来事であると有田外相に発電した。それに先立つ七月一四日に堀内が有田に送った電報は、米国政府による空爆問題についての被害事実の発表は地味であり対日輿論を喚起しようとする姿勢は見られない、対日禁輸案には一部に熱心な支持者はいるものの一般には広まっていない、と楽観的に伝えていた。日本側が米国大統領府や国務省の認識と行動をまったく察知していなかったことがわかる。

ところが廃棄通告の背景を知らせた七月二七日の有田外相宛の堀内の電報では、議会における中立法修正案の延期問題とともに空爆問題がきっかけになったのではないかと報告している。空爆問題に対する日本側の回答に大統領などは不服で、米国政府として何らかの対応をすることが必要であると考えていた、という内容であった。一転して空爆問題が廃棄通告に強い影響を与えたことを伝える趣旨に変わっている。この時期の日米関係史をめぐってこれまでほとんど指摘されてこなかったことであるが、やはり中国大陸における日本軍の空爆の実施の影響が日米通商航海条約の廃棄通告に結びついたことを堀内大使自身も認めざるを得なくなったのである。空爆問題がこの間の推移のなかで最も重要な争点になっていたことを見逃すことはできない。

日中戦争を遂行するためには鉄製品や石油をはじめとする軍需関連物資を米国から輸入することは日本にとって死活問題であった。六か月後の一九四〇年一月に実施された日米通商航海条約の廃棄は、日本の政治指導者に石油やゴムなどの軍需品を得るための南進論への傾斜を深めさせ、日米開戦への道を選択する重要な契機になったのであるが、その最も大きな要因が日中戦争のさまざまの局面のなかでもとくに日本軍の空爆にあった。

その間の事実経過をふり返ると、米国大統領と国務省は、一九三八年五月末からの日本海軍航空隊による広東無差別爆撃に対抗して道義的禁輸を実施して以降、日本の態度変更がない限り禁輸を解かないという基本姿勢を一貫してとってきた。対する日本は、これも一貫して空爆をめぐる米国側の強硬姿勢を察知しないか、あるいは聞き流した。無差別爆撃へのたび重なるアメリカの抗議に対して、爆撃は軍事目標のみであり、米国人やその施設、中国市民の被害はたまたま起こった誤爆によるものだと説明した。多くの難民が新たに生まれ続けていることに一目も置いていなかった。日本外務省は、それらを外交的駆け引きの範囲内のことと認識していた。日本政府部内で空爆を日米関係の危機として問題化することがないまま、広東爆撃後も重慶を含む広い地域で同様の爆撃が実施されていくのを座視した。日米通商航海条約の廃棄につながる日米間の最も重要な紛糾案件になっているという認識を持たなかったのである。その結果が日米通商航海条約の廃棄通告であった。

東亜新秩序の脈絡

日支新関係調整要綱の作成

日米通商航海条約の廃棄に至る米国の決断には、もうひとつの重大な背景があった。一九三八年末に近衛内閣が東亜新秩序声明を発し、その直後に成立した平沼騏一郎《ひらぬまきいちろう》内閣が一九三九年一月に海南島を軍事占領したことである。米国はそれを、第一次世界大戦後に成立した国際秩序としてのヴェルサイユ・ワシントン体制を日本が崩壊させる行為であると認識した。一九二二年にワシントンで締結された九か国条約は、中国の主権尊重・領土保全・門戸開放・機会均等を謳《うた》っていた。だが日本は中国大陸における軍事侵攻を既成事実化し、南進に着手しようとしていると、米国は認識した。なぜ日本はこの時、アジアにおける列国の協調体制であるワシントン体制をみずから打破する行為を選択したのであろうか。

一つ目の要因は、陸軍中央部がそれまでの中国大陸における軍事侵攻の成果を固定化しようとしたからである。そのためには列強の侵略批判をかわし、それと異なる論理を示さなければならなかった。一九三八年六月の内閣改造で陸相となった板垣征四郎《いたがきせいしろう》が六月一七日に近衛首相に示した戦争指導についての要望は、早期に日中戦争を終結するために中国に過大な要求を突きつけるのではなく、華北を日本の勢力下に置き華中との経済提携を促進するなかで中国を日本を中核とする「東亜連盟の有力なる一員として更生せしむる」ことが必要であるとした。この要望は日本の占領地の固定化を前提とした過大なもので、国民政府が受け入れる余地はなかった。そこで日中戦争を「事実上在支欧米勢力打倒の端緒」と位置づけ、日独防共協定の強化によって列強を牽制できれば抗日政権は欧米依存の政策を改めざるを得なくなるとした。七月三日付で作成された陸軍省試案「時局外交に関する陸軍の希望」にはこの要望に沿った内容が示されていた。

陸軍省試案を元に作成された「日支新関係調整要綱」が、八月五日の五相会議（首相・外相・陸相・海相・蔵相によって構成）に板垣陸相から提案された。同要綱は、日満支三国が「東洋文化の再建を以て共同の目標と」すること、中国が「満州国」を正式承認することにより「東亜復興の理想下に新国交を修復す」るとした。東洋道義文化を基軸とした日中の連携という考え方が示されているものの、満州国の承認という高いハードルが設定されている。同時に華北・蒙疆を国防上・経済上の日中強度結合地帯とし、楊子江下流域を経済上の強度結合地帯とするものであった。これらの基礎条件が満たされれば日本軍は中国から早期に軍隊を撤収するとした。

国民政府がそれを受容することは考えられなかったので、日本は国民党副総裁の汪精衛《おうせいえい》を担ぎ出して新政府を樹立する工作を本格化させた。満州国がそうであったように日本が統御できる偽の中華民国政府をつくろうとしたのである。

南進と東亜新秩序

二つ目の要因は、海軍がそれまで抱持していた南進論を国策として進めようと動いたことである。陸海外蔵の四省事務当局で「日支新関係調整要綱」の修正案が作成された際、海軍省主任者は「東亜新秩序建設の理想の下に」という文言を追加した。また基礎事項として、新たに「南支沿岸特定島嶼（海南島を含む）に於ける特殊地位の設定（審議未決定）」を挿入した。中国最南部の海南島については「軍事上の根拠地設定のみを考慮しあるも未着手なるを以て政治様式には触れす、之に着手したる後は特別行政区域若《も》しくは自治区域とする海軍事務当局の腹案」であったという。海軍はこの時、陸軍の援蔣ルート遮断の思惑にかこつけてみずからの権益拡張的要求を滑り込ませた。伝統的な陸軍の北進論に対抗する意味での南進論が、日中全面戦争の収拾策をめぐる陸海軍の戦略方針の選択（対ソ戦か対英米戦か）というレベルで浮上し、それが近衛首相との意図とは別のところで東亜新秩序声明の実質的内容となった。

三つ目の要因は、近衛内閣が国民に戦争目的を明示する必要にかられたことである。国民精神総動員運動を展開し、四月に国家総動員法を成立させて長期戦体制を作りつあった近衛内閣は、国民がそれについていかずに不満を募らせ、反乱が起こることを常に恐れていた。近衛のブレーンである牛場友彦《うしばともひこ》秘書官や岸道三《きしみちぞう》秘書官、それに六月に内閣嘱託として採用された尾崎秀実《おざきほつみ》などは、和平に向けての政策立案と実際の行動に取り組んだ。近衛首相と接点を持つ大亜細亜主義的な立場のグループである民間人の大川周明《おおかわしゅうめい》・徳川義親《とくがわよしちか》・石原広一郎《いしはらこういちろう》らも、西欧中心の秩序に日本を盟主とするアジアを対置することにより、中国との和平を急ごうとする。参謀本部のように対ソ戦準備にこだわるべきではないとする彼らの立場は、その限りにおいて海軍の思惑に重なっていた。これらの思惑が一致するなかで一一月三日に出されたのが第二次近衛声明（東亜新秩序声明）であり、同月三〇日の御前会議決定「日支新関係調整方針」であった。

米国は東亜新秩序声明について、ワシントン体制を崩壊させようとするメッセージであると受けとめた。駐日大使グルーは、それまでも中国における日本軍の空爆や商業上の差別待遇についてたびたび有田外相と会談し強く反対の意志を伝えていたが、その回答が新秩序建設であることに絶望した。彼は、一二月三一日付で日本政府に手渡した米国政府の申し入れで、九か国条約上の権利を無視して一方的に極東の新秩序建設に乗り出したことを絶対認めないと伝えた。しかし日本はその申し入れの受領に間を置かず海南島を占領する。

海南島の占領

海軍は陸軍の北進論に対して南進論を主張し、東亜新秩序建設論を主導した。海南島占領への道が一気に加速した。一九三八年一〇月に刊行された『武漢三鎮陥落後戦争はどうなるか』という一般向けの本は、東南アジアで英国に対抗するための拠点として海南島をどうしても攻略すべきだと唱えた。海南島は中国の最南端にあり、西側には当時仏領インドシナ（現ベトナム）があった。

海軍内では「海南島占拠の仏国に対する法的関係」について検討が加えられた。日本の海南島占拠に対して「仏国は東京湾及仏領印度支那の安危に関する問題として極めて之を重大視し英国の支持と相俟つて全般的に国際世論の激昂を免れ」ないとしながらも、法律的には違法とする根拠はないとしている。同年一一月七日付の臨時海軍特務部長の「蔣に絶望的感化を与ふる方法なきや」という質問に対し、軍令部第三部は「海南島攻略により仏印経由武器援助を停止し得れば蔣の抗戦意識に大影響を与ふ」と答えている。また仏国を動かすことにより英国を動かす方法はないかとの問いかけに対し、仏国との接触は困難であり「寧《むし》ろ海南島攻略等に依り仏を圧迫し対英依存心に苦杯を嘗《な》めさすを可とす」と応じた。

当時参謀本部戦争指導班員であった堀場一雄《ほりばかずお》によると、海軍は広東作戦以来海南島に着目していたが、一九三八年一二月に入ってその問題を再燃させたという。陸軍はそれを阻止しようとしたが、陸海軍協調の義理もあったので、目的を航空作戦と封鎖作戦の基地を設定することに限定し、かつ将来の政治経済問題に関連させないという一札を入れて共同作戦を実施することにした。

海南島攻略作戦は一九三九年一月一三日の御前会議で決定され、一九日に大本営が作戦を発令した。日本軍は二月一〇日に海南島に上陸し、海口などを占領した。さらに三月三〇日に、新南群島（スプラトリー諸島）が日本領土であると宣言した。

海南島軍事占領に対する中国・仏国・英国の反対は激しかった。蔣介石は、二月一三日に外国人記者に対して海南島占領が太平洋上の「満州事変」であると発言した。同日、有田八郎外相は駐日仏大使アンリに対し、領土的野心はないと述べざるを得なかった。英国は三月に中国の法幣を安定させるための一〇〇〇万ポンドの借款契約を国民政府と結んだ。米国は三月に国民政府に対し軍用機と発動機を購入するための費用として一五〇〇万ドルの借款を供与する契約を交わした。列国は日本の南進への着手に対する直接の批判は控えたものの、米国を中心として中国国民政府を支援するという姿勢を明確に示すことにより日本の南進を阻止しようとしたのである。その先頭に立っていた米国の厳しい姿勢が、道義的禁輸から日米通商航海条約の廃棄通告に至る流れの底流にあった。

難民救済

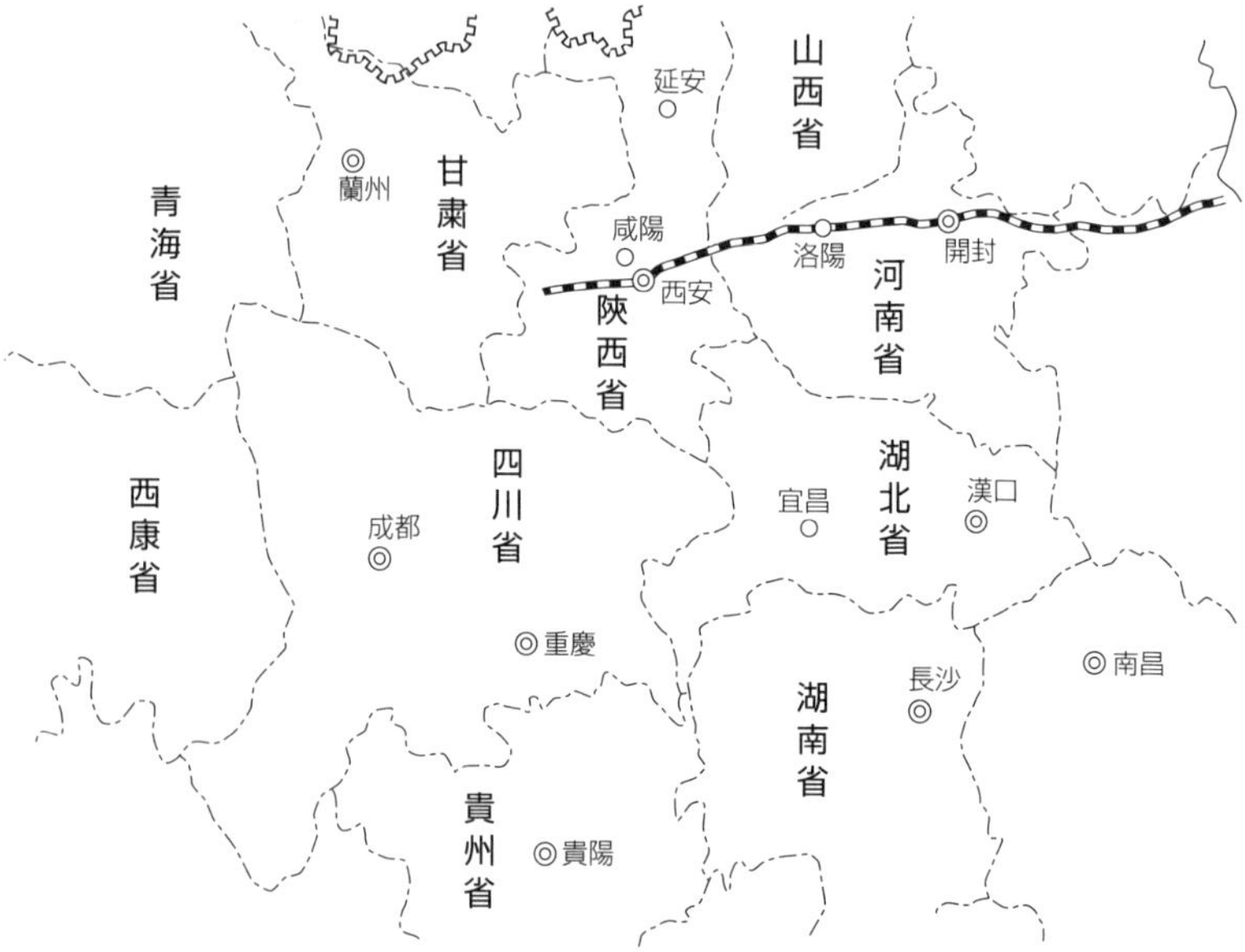

西南・西北略図　「中国全図　1938年」(「読売新聞」1938年10月15日附録）より作成

国民政府の難民救済

国民政府の難民対策

中国国民政府は、日中戦争の進展にともない、首都を南京から武漢、重慶へと移転した。その間の政府の呼称には南京国民政府、重慶国民政府、重慶政権などがあるが、ここでは国民政府とする。国民政府にとって難民対策の実施は、抗日戦争を継続してたたかうための国民動員に必要な政策であった。政府は、統治地域の混乱を防ぎ、難民を保護している姿勢を明示することによって民心を安定させることができたからである。一九三七年九月には非常時期救済難民弁法大綱を決定したが、そこでは開墾について触れられていない。戦線が拡大するにつれ増加する難民への具体策が必要となり、一九三八年三月に、食糧対策を兼ねた新たな政策として墾民墾殖実施弁法大綱が決定された。ただしこの大綱は荒地開墾の一般策を示したにとどまる。

難民対策の具体案が示されるきっかけとなったのは、一九三八年九月に開かれた国民参政会第一次大会における「退伍兵士及難民辺境移墾実施案」の決議であろう（中国社会科学院近代史研究所档案館所蔵）。

国民参政会とは、同年三月に開かれた国民党臨時全国代表大会の抗戦決議により発足した戦争指導の最高諮問機関であった。大部分は国民党員により構成されたが、国共合作後の民意反映機関でもあったので中国共産党の代表なども参加していた。ここで決まった案は国防最高会議に送られて最終決定された。国防最高会議は党と政治家と軍人の最高地位者により構成されていた。さきの「実施案」は、国防最高会議常務委員第九五次会議で決議するために作成された。盧溝橋事件後に食糧問題が深刻化し、また武漢などに難民が集中している状況を打開するために、適当な移墾地を選定して退役兵士と難民を送り込むよう提案された。綏遠《すいえん》省・甘粛《かんしゅく》省・寧夏《ねいか》省・青海《せいかい》省・西康《せいこう》省・新疆《しんきょう》省・雲南《うんなん》省・江西《こうせい》省に三二三三万畝（当時の中国における一畝を六アールとすると、約二〇〇万ヘクタール）余の墾殖可能な荒地がある。表8のごとく四つの省に直営墾区と移民墾区を設けることにより、一九三〇万畝の荒地を耕作する農民九〇万九〇〇〇人を入墾させることができる。八万畝の直営墾区に墾民一六〇〇人、二万畝の移民墾区に毎戸一〇〇畝（六ヘクタール）、二〇〇戸、一〇〇〇人を収容すると、事業費等にかかる費用は約二〇〇〇万元である。西北地域

表8　難民辺区移墾実施案（1938年9月）

	荒地区別		収容可能民区		収容可能人数
	直営墾区	移民墾区	墾民	墾区	
綏遠省	600,000	2,800,000	12,000	28,000	152,000
寧夏省	900,000	14,000,000	18,000	140,000	718,000
西康省	100,000	120,000	2,000	1,200	8,000
雲南省	300,000	500,000	6,000	5,000	31,000
計	1,900,000	17,420,000	38,000	174,200	909,000

注1　「国民参政会第一次大会難民墾殖荒地案」（近代史研「国共档案」所収）より作成.
2　荒地区別墾区の単位は畝，墾民は人，墾区は戸，収容可能人数は人.

の単位墾地の一年後の収支予測では、生産収益三三万八八〇〇元から経常費三一万七一〇〇元を差し引いて二万一七〇〇元が残るので経営は充分可能である、と提言した。

難民移墾規則の公布

同案が政府に送られた翌月の一〇月、国民政府は非常時期難民移墾規則を公布した。そして政府の経済部の下に中央墾務委員会をつくり、内政部や財政部と連携して難民の墾殖業務を担当して、難民が各地の荒山や荒地を開墾するための事業を発足させた。こうした政府中心の国営による開墾事業とは別に、省政府が主体となる省営の事業、農業合作社などによる事業も設定された。省営の場合は省政府が費用を負担するが、随時政府の補助金や資金貸与を利用できるとした。荒山や荒地を開墾することにしたのは、所有権の問題がないからであった。開墾完了後に開墾者に無償で所有権を付与することができ、かつ五年から八年間は土地税を免除するなど魅力的な方針であった。所有者のいる荒地については、本人が開墾しない場合小作人が強制的に開墾を行い、小作料は収穫高の一五％以下、三年から五年の間は土地税が免除されるとした。世界政治研究所の調査によると、四川・湖南・雲南・江西・山西・貴州・甘粛の各省で未耕地の開拓に従事する難民は三〇〇万人に達したとのことであった。ただ当初難民は都市の住民である商工業者や学生・官吏などが主体だったので墾民への転換には困難がともなった。

難民救済策の実施

それに対し黄河決潰による被災民の場合は、その多くが農民であった。すぐに詳細な計画が作成され実施に移されたのは、すでに見たように、一九三八年六月に国民政府軍が日本軍の侵攻を防ぐために行った黄河の花園口決潰によって、地域一帯の住民が大きな被害を被り、大量の難民が出たためである。

一九三九年一月には、国民参政会第二次大会の建議として「救済罹災難民案」が示された。黄河の決潰により河南省の三〇〇万人以上の住民が被災し飢餓状況に陥っているので、至急これら流離の人民を支援し善用すべきであるとの提案であった。堤防を築き護岸をほどこす工事を行うための工程表や費用の概算表などが添付された。同案は二月に振済委員会と経済部で審議された。抗戦継続のために必要であるとされたが、四月になると保留扱いとなった。文書にはその理由は記されていないが、当該地域が日本軍の占領地域となったからであろう。

同じ一九三九年四月に開かれた国民党中央執行委員第五次全体会議では、難民を移墾地に送らなければならないとする案が急きょ提案された。同会議は国民党の中央執行機関による定期的な会合である。その後国防最高委員会第五次常務会議で審査された上、国防最高委員会から行政院に送られた。国民政府の最高行政機関である行政院長孔祥熙《こうしょうき》に送付された決議では、黄河決潰による被災民は一七県一四〇万人にのぼるので、彼らを陝西《せんせい》省黄龍山などに速やかに避難させたいと、目的地を例示して救済を求めている。この決議を受けて経済部等で六月に作成された案は、国営陝西省黄龍山墾区に難民三万人を、陝西省黎坪《れいへい》墾区等に一五〇〇人ないし二〇〇〇人、陝西省泝山《そざん》墾区に一万人、河南省鄧県墾区に五万人（五〇〇〇人はすでに入植済み）、河南省盧氏《ろし》県に一万人、四川省平武北川に三万人などをそれぞれ送り込むことになっていた。一二月にはさらに修正が加えられ、この段階で各省で難民を受け入れることが可能な移墾地リストがほぼ整ったようである。ただこの修正案では、陝西省黄龍山などへの入植者数は示されているが、河南省盧氏県などは記載されていないなどの違いがある。

なお同時に墾殖地にかかわる道路整備などの地域開発案も提示された。一九三九年二月に四川省政府が作成した「四川辺区墾荒計画大綱」によると、辺区には荒地の可墾地が多いので墾民三〇万人以上を開墾に従事させることができる。その地に難民を移送し道路を修築した上で荒地を分配する。そのためには交通の不便な各県を結ぶ一六〇〇キロの三幹線と四六〇キロの三支線を一九六八万元でつくる必要がある、とのことであった。同案の実施にあたり国民政府が七割の補助金を支出し、残りは省政府や地元墾区などが負担することになった。

難民対策の実情

国民政府は難民に主として官有の荒地を提供した。難民は一人の場合は一エーカー（約四〇アール）を払い下げられる権利があったが、多くの場合同郷人をひとまとめにして小グループをつくり、グループごとに二〇エーカーの土地が払い下げられた。収穫などによる所得は、当該グループの成員の間で分配された。払い下げを受けた難民は、初年度は地方当局から食料・住居・役畜・農業用具等を給与された。ただそれに相当する金額を八年間の年賦で返済することとした。また未墾地の開拓農民は、数年間あらゆる種類の直接税を免除された。こうした条件の下で各省の墾区管理局の下に開墾民が入植した。李爽によると、一九四二年における西南各省の墾殖地は一一〇か所で、三三三万畝（約二万ヘクタール）の新墾殖耕地に六万七〇〇〇人が入植していた。

難民の移住した地方は一〇地方以上に及び、一定の土地に定着した難民数は五〇万人から六〇万人であったと『支那の食糧問題』は述べている。国民政府は一九四二年に罹災した河南省からの難民救済のために二億元の支出を決定した。そして彼らを甘粛、寧夏、青海、新疆各省に移住させるために移住費三〇〇〇万元を交付したという。一九四二年一二月以降、河南省と河北省から流入する難民が激増した。その多くは五原臨河区とオルドス区に移住した。一九四三年三月までに包頭を経由して五原臨河《ごげんりんが》に流入した難民の数は一万人以上、オルドス区には少なくとも二〇〇〇人から三〇〇〇人であった。難民は両地区に入ると直ちに登録し、農耕に従事した。オルドス区では、バラガイ・東勝等三墾屯区を設置して難民を収容し、農作物の増産をはかることになった。同年三月二一日付の准士日報には、陝西・甘粛・江西・四川・雲南・貴州の各省に墾区管理局を九か所設けたことが記されている。各区の総計は墾民が五万四〇三四人、開墾荒地が三〇万二四二四畝、清掃墾地が六八四畝、新たな耕作面積は二二万九九四〇畝（約一三八万アール）であった。

なお雲南日報の社説は、河南省難民の第一次新疆移植民の別格の厚遇にふれている。一九四三年一〇月一八日に新疆に到着した一五〇〇人は、毎戸一〇〇畝の土地を配分され、五〇〇〇元が貸し付けられ、耕牛・種子・住宅が支給された。それとは別に一人当り二五〇〇元の手当てと半年分の食料、棉花一斤、布一疋が、女子には紡織機一台が支給されることになった。このような支援は数千年来未曾有のことであると記されている。

また成都発の重慶情報によると、財政部は一九四三年二月一〇日に難民と華僑の救済のために一億五〇万元を支出することを決めた。救済金が配布された省は、陝西、浙江《せっこう》、広東、湖北、江西、山東、安徽《あんき》、山西、広西、湖南、青海、貴州、福建、雲南および江蘇《こうそ》、安徽、湖南省境地方であった。さきの新疆における施策も、同様の財源に依拠したものであろう。

こうした移植民による開墾地が国民政府の食糧問題解決にどの程度貢献したかを測ることは困難であるが、李爽によると社会基盤の面では西部地区で難民の移送をきっかけに基礎的施設が整備されたという。陝西省では、七条の大道がつくられ、一〇〇の方面で灌漑施設が整った。甘粛省では一〇の灌漑施設と五〇万畝の可耕地が作られ、四川省では都江堰などが設置された。新しい都市も生まれたという。

難民の活動状況

難民たちはどのように活動し、生活の糧を得ていたのだろうか。満鉄上海事務諸調査室「奥地支那農業建設と其の問題」は、難民墾殖運動において特に注目される動向として、農民への資金貸付による自由な「公田耕作制」の実施と「集団農場」の建設をあげている。また特筆されることとして「広西省良豊郷（桂林）等の例では、副業指導としてマニファクチャーを設けて集団的な技術指導をも行い、かつ同時にかかる開墾指導、手工業技術等の組織された集団的方法を利用しての成人識字運動、難民児童学校の設立等」を行っていることを紹介している。この情報は一九三九年六月に発刊された『中国農村』という雑誌に載った「広西に於ける難民墾殖」という記事から得たものであろう。その翻訳は狩屋久太郎編訳『支那農村経済の新動向』に転載されている。広西省良豊郷の墾殖区は、同省政府が四五〇〇畝の荒地を区画したもので、平均家族数四人以上の農家二百余戸からなる。その九〇％は安徽・江蘇・浙江三省から来た難民で、家族と共に揚子江下流から武漢・衡陽を経て桂林にたどり着いた人々であった。この記事の執筆者が一月に同地を訪れた際には、家々の前にある空地に天真爛漫な子供たちが遊び回っていて、和気藹々とした空気が充満していたという。また以下のような農民から得た情報を記している。

公田二畝を耕作する外（毎戸平均四人として計算す）実際には十八畝の田地を得ることが出来る。若しも栽培している陸稲から、平均して毎畝二石五斗の収穫を得ることが出来るとすれば、毎家族一年に四十五石の収穫を得ることになる。尚ほ陸稲の刈り入れ後、蕎麦とか、馬鈴薯等の雑糧を植えることが出来るし、その上彼等は家畜を飼うことを副業としているのであるから、彼等の一年の収入は充分に生活を維持し得る計算になるのである。

執筆者は、荒地の開墾は大変であるが、支援措置も整っているので乗り切ることができるだろうと予測した。そのほか、小規模の手工業織物工場の設置についても記している。墾殖区の管理者は、墾殖区内に織物工場を建て、二名の技師を雇って職工を指導した。生産量はまだ少なく、販路も近隣に限られているが、難民の若者をさらに雇用して生産力を高めていくことができるだろうと展望している。

リリー・アベッグによると、「海浜地方の戦争地域から逃げて来た多数の避難民」がいたが「奥地には、印刷工、機械工等の職工が少なかったから、彼らは専門職工として大いに歓迎された」という。先の満鉄上海事務諸調査室の報告は、一九四〇年一月に満鉄調査部「ソヴエート連邦事情」に掲載されたゼ・ドバーソワの論文から以下のような小工業についての記載を引用している。

交戦地帯および占領地帯より避難した難民を保護するために、種々の対策が講じられている。難民救済委員会および中華工業合作社協会は難民を西北、西南に移住させ、そこで家内工業労働に従事せしめんとしている。また奥地には多くの小規模工場組織が設立され、その工場の所在地に委員会は難民を送っている。

その他難民は農業方面にも利用されている。四川、湖南、雲南、江西、西康、広西、山西、貴州、甘粛には概算してみても未耕地の開拓に従事する難民は約三百万に達している。

四川省の二、三の県には難民が一家族あたり三〇畝の休閑地を支給されている。難民救済のための織物工場もまた設けられている。四川省の砂金埋蔵地方青神、眉山、楽山においては難民からなるところの約二〇の砂金採取隊が組織されている。難民は、労働者や開墾民として生活するほか、砂金採取隊としても活動していた。

中国共産党の難民救済

難民対策の発足

中国共産党は国民党と合作して抗日戦争を戦いつつあった。その軍事組織である八路《はちろ》軍と新四《しんし》軍がそれぞれ抗日戦の前線に立っていた。八路軍とは、国共合作の結果一九三七年八月に中国工農紅軍を国民党軍傘下の中華民国国民革命軍第八路軍に改編した組織で、華北を中心に抗日活動を行っていた。華中・華南には新四軍と呼ばれる国民革命軍新編第四軍が編成された。中国共産党の軍事政治活動の中心地域は陝甘寧《せんかんねい》辺区（陝西・甘粛・寧夏）で、なかでも延安が拠点となっていた。

中国共産党の難民対策、開墾政策についての資料は少ないので、ここではいくつかの断片的資料や常運平・劉力『乱世瓢蓬』などの著書によりながら中国共産党の難民政策と実態の記述を紹介しておこう。同書によると、満州事変以後の時期に多くの難民が出たが、中国共産党はこの時から地下組織を通して積極的に難民工作に取り組んだという。日中全面戦争勃発直後には敵の占領地における難民の増大に対して有効な支援をすることがほとんどできなかったが、抗日根拠地では積極的な難民支援を実施した。この時期に難民救済の思想と救済の具体的実施方法を生み出したという。

一九三七年八月以後の上海における戦闘では厖大な難民が租界に流れ込んだ。中国共産党浙江省委員会は、難民の大多数が労働者と農民なので、難民を安置し、教育し、武装することによって銃後の農村武装遊撃戦の任務に結合することができると認識した。中国共産党浙江省委員会は一九三七年一一月上旬に成立しており、上海の占領区で難民工作に着手した。一九三七年一二月に江蘇省委員会は「上海被占領後の難民工作」を決定し、難民工作委員会を発足させた。上海慈連会と国際第一・第二収容所の工作に三〇人の党員が関与した。

「昭和一六年　陸支密大日記　第四二号」に所収されている「晋察冀辺区略事記」に一九三九年末の難民救済関係の記事がある。それによると、救済委員会が組織され、難民慰問団が各地を訪れ、公糧が分配され、救済のための募金活動が展開された。

陝甘寧辺区の難民対策

陝甘寧辺区は中国共産党の中軸となる地域であった。そこでの難民の動向について追跡する。国民政府の難民救済数に比べると、中共の陝甘寧辺区における救済人数は多くはないが、辺区成立後八年間の抗戦中に難民六万三八五九戸、二六万六六一九人が移住した。

『乱世飄蓬』は、陝甘寧辺区に入った難民を以下の三つに分類している。第一は、戦争の波及により日本軍の占領地区と交戦地区から来た難民である。山西、河南、綏遠等の交戦地区を逃れて西に向かい、最も近い陝甘寧辺区に来た人々である。

第二は、何らかの理由で現地での生活が困難になって辺区に来た人々である。少数民族や抗戦兵士の家族が多かった。抗戦に大量の青壮年が加わったため、残された家族が農業生産のための労働力を失って生活難に陥り、難民の行列に加わった。

第三は、天災等により近辺の省内外から流入した難民である。一九四二年の河南干害により陝西省に多くの難民が流入した。一九四三年には河南省四十余県で洪水と蝗害《こうがい》が起こり、一一月までに十余万人が入陝した。山東省の抗日根拠地にも大量の難民が流入した。

これらの厖大な難民の生活問題をどうするかが根拠地の共産党政権の課題となった。陝甘寧辺区は、もともと土地が痩せていて発展が遅れていた。日本軍の侵攻や国民政府軍の封鎖などの影響により、経済発展もなかなか進まなかった。こうした困難のなかで難民救済策が立てられた。一九四〇年三月一日に辺区政府は「陝甘寧辺区優待難民と貧民の決定」を配布した。一九四一年四月一〇日には「陝甘寧辺区政府布告」「優待難民弁法」を発布した。

『支那の食糧問題』に紹介されている一九四一年五月の「陝甘寧辺区施政綱領」は、荒地一〇万畝を開墾し、外来移民を積極的に受け入れて生産に従事させることで食糧生産量を四〇万担（一担を五〇キロとすると、二万トンに相当）に増加させるとしている。国民政府と同様、難民等を受け入れて農業生産力の増加をはかる計画が立てられた。辺区の開墾自体は早くから進められていたが、食糧問題が深刻化するなかで、このころになって本格的な難民受け入れと開墾に取り組むことになった。

延安県ではすでに一九四〇年に九八の荒地開墾隊二七九〇人を組織していた。延安市では一七一人の難民が参加した。中共政権は貧農を援助し、彼等のために耕牛・農具・種子等を用意して支援した。開墾した耕地は一九三七年には一九万五二九一畝であったが、一九四〇年には七〇万八〇〇〇畝となった。延安県は難民を支援するため土地一万二二〇畝、一牛二七九頭、糧食四九石四斗三升、種子六石五斗を用意した。辺区政府は各種合作社を通して、耕牛・種子・農具の調達を支援したという。

さきの「陝甘寧辺区施政綱領」には、食糧政策についての二項が示されている。第一は、農業生産を発展させ、春耕秋収の群衆動員を実行し、貧苦農民の耕牛、農具、肥料、種子等に関する困難を解決する。同年は荒地一〇万畝を開墾し、食糧生産を四〇万担に増加する。第二に、すでに土地を分配した区域では、一切の土地取得農民の土地私有制を保障し、綏徳・慶陽等の土地未分配区域では、地主の土地所有権を保障する。土地小作料を引き下げる。小作農は地主に一定の小作料を納入するが、政府は小作関係に対し合理的な調整をする。

一九四三年四月に「優待移民難民開墾条例」を出して難民による開墾を支援することになったことは『乱世瓢蓬』に記されている。同条例に沿って、政府主導選定開墾区域や地主担当難民開墾地が認定されたが、開墾の主要形態は、すでにある辺区の村に入って開墾を担うことであった。飢饉に備えて穀物を貯蔵しておく義倉も開設された。農業が不得意な難民は、手工業や軽工業に従事した。

こうした一連の難民救済措置により、陝甘寧辺区の人口が増加し、経済力を向上させる効果があった。延安県では、一九三七年に三万三七〇五人だった人口が、一九四二年には六万四二九二人となった。五年間に三万五八七人増加したが、そのうち二万九七〇四人が難民、移民であり、増加人口の九七・一％を占めた。

安塞《あんさい》県では一九三六年の人口二万人が、一九四二年には四万人になった。

なお中共政権下の陝甘寧辺区の耕地面積は、一九三六年から一九四五年までの九年間に約一・七倍に増えた。難民を受け入れつつ耕地を広げたことにより当該地域が振興し、食糧増産にも一定の貢献があったという。

河南難民をめぐる構図

河南大飢饉と難民

日中戦争期に最も多くの難民を出したのは河南省である。難民数は一四五三万人で、省人口の四三％を占めていたという。一九四二年からの大飢饉で、少なくとも三〇〇万人以上の住民が難民として山西省や甘粛省・陝西省方面に列をなして移動したことは、論者がほぼ一致して指摘していることである。

大量の難民が発生した直接の要因は大飢饉である。だがその原因となったのが徐州会戦後の日本軍の武漢侵攻作戦準備であり、それに対抗するために国民政府軍が一九三八年六月一一日に花園口の黄河大堤を決潰したためであったことも先に見た通りである。南京攻略以後の日本軍の武漢への新作戦が企図されなければ花園口の決潰も実施されなかったし、これほど大量の難民も生まれなかった。

一九四二年一二月に河南省主席は記者会見を行い、同年の食糧生産物が省人口の一割分しかなかったこと、国民政府と河南省政府は応急援助を実施していること、大勢の難民が陝西・安徽・湖北三省に移住したことなどを発表した。洛陽に限っても、難民救済委員会が八月からの四か月間に飢餓に陥っている一二万一八〇七人の難民を救済したこと、それらの難民はすべて陝西省へ移住したことも報告された。大量の難民が西方に大移動しつつあることを認める内容であった。

この一九四二年からの河南省の大飢饉と難民の移動については、馮小剛監督作品の映画『一九四二』が詳細に描いて話題になった。映画は二〇一二年のトロント国際映画祭で公開され、ローマ国際映画祭でゴールデンバタフライ賞を受賞した。一九九二年に劉震雲執筆によるドキュメンタリー的な作品『温故一九四二』が発刊され、それを映画化したものであった。ちなみに同書の邦訳は二〇〇六年に刊行されているが、映画は日本ではまだ公開されていない。中国では二〇一二年に『1942飢餓中国』や『1942河南大飢荒』(二〇〇五年刊行本の増訂本)が相次いで刊行された。日本では石島紀之『中国民衆にとっての日中戦争』の中で河南省における飢餓の状況が詳細に分析されている。こうした著作により大飢饉をめぐる問題については大筋で変更される必要のないまでに解明されている。そこで以下ではすでに示されている論点を再整理しつつ改めて問題点を検討する。

まず大飢饉の実態と規模について触れたいくつかの現地レポートから探ろう。

大飢饉の報道

飢饉の実態を最も早く米政府が知ったのは、駐中米大使館の書記官ジョン・サーヴィスが米政府に送った報告書からである。一九四二年一〇月に河南省を訪れたサーヴィスによると、飢饉の影響を受けた地域は、中国軍が決潰させた黄河の花園口で洪水になった地域を中心としていた。一八〇〇万人が影響を受けたが、そのうち六〇〇万人が救助を必要としており、二〇〇万人が飢餓状態である。飢饉の直接の原因は、一九四二年の春と夏の収穫が例年の二〇%に過ぎなかったことである、と報告した。

つぎは重慶発の「大公報」（日刊紙）の戦地特派員の報告である。張高峰が一九四二年一二月に西安から洛陽を訪れたとき、厖大な難民と食糧難で木の皮を食する人々に遭遇した。彼は、一九四三年二月二日付の同紙でそれを報じつつ国民政府の無策を批判した。蔣介石は、この記事に激怒し「大公報」を三日間の停刊処分とした。

「大公報」の停刊事件直後に河南省を訪れた米人はセオドア・ホワイトであった。一九四三年二月末、ロンドン・タイムズ記者のハリスン・フォーマンとともに西安から河南省に入ったホワイトは、血にまみれた難民列車や鉄路に沿って歩く見渡す限り続く行列に出会った。到着した洛陽の駅は死体の悪臭が立ちこめていた。その先の村々の半数は放置されたり掠奪にあったりして荒れ果てていた。彼は、洛陽駅の難民の状況について『歴史の探求』に以下のように記している。

暗い駅では、難民が材木の様に箱型貨車に押し込められ、身動きもならぬ有様である。人々は悪態を吐きながら、車輌の屋根にも難民を乗せていた。父親は子供を屋根にほうり上げて、荷物のようにしばる。……耳にした最悪の話は人食いの事実があるということであった。

飢饉の中心地域にある鄭州《ていしゅう》は、一二万人の人口が三万人に減っていた。毎日一五〇人から一八〇人が死んだ。生存者も案山子のように町をうろついていたという。このような実態を伝えたホワイトの記事はタイム誌に掲載され、大きな反響を呼んだ。

大飢饉の規模

この河南大飢饉と難民の全体像を知ることができる統計類は残されていない。趙燕は、国民政府中央研究院社会研究所員の韓啓銅が一九四八年に作成した難民と死亡者の状況についての一覧表を紹介している。その統計を利用しよう。表9に示したように、河南省県別人口の合計は六七八万人であるから、当時の河南省の人口三〇〇〇万人の四分の一以下である。河南省東部にあるこれらの地域のうち、難民は西《せい》華《か》・尉氏《いし》・扶溝《ふこう》・太康《たいこう》の四地域でそれぞれ一〇万人以上を数え、そのうち扶溝と尉氏では死者が全人口の二五%を越えていた。いずれも一九三八年に黄河の堤が決潰した花園口か

表9 河南省県別難民・死亡数

	難民		死亡		人口
	人数	%	人数	%	(1936年)
西華	285,575	64.6	14,808	3.4	442,012
鄢陵	26,242	9.6	7,938	2.9	272,832
扶溝	169,800	55.1	78,600	25.5	308,315
睢県	66,798	8.9	48,101	6.4	751,524
杞県	25,100	6.0	953	0.2	421,438
尉氏	151,736	52.2	77,852	26.8	290,676
広武	451	0.4	48		109,134
太康	175,388	32.2	31,737	5.8	544,647
鄭県	5,176	1.6	1,191	0.4	324,850
拓城	471	0.2	6		251,524
項城	37,060	12.4	2,897	1.0	299,988
商水	51,780	19.4	2,107	0.8	267,363
開封	2,134	0.5	150		458,299
鹿邑	28,961	4.1	2,013	0.3	702,609
通許	25,299	10.5	30,902	12.9	239,850
中牟	33,155	15.5	9,612	4.5	214,069
沈丘	48,312	18.3	12,913	4.9	264,431
陳留	34,000	27.4	3,600	2.9	124,277
合計	1,167,438	18.6	325,428	5.2	6,287,838

注 「予東地区人口逃離和死亡情況」(趙燕「抗戦期河南的難民問題」22頁) より作成.

ら南に下った地域である。この時の水害の影響を引きずっていた地域であり、大飢饉との因果関係をうかがうことができる。

石島によると、河南省の人口は一九四四年に二四七一万人に減っており、一九四〇年からの四年間で五九六万人が減少し、そのうち二〇〇万人以上が餓死等で死亡したという。一方趙燕は、一九三八年における難民数は一一七万人で、大飢饉の際には三〇〇万人が他省に流出したとする。

大飢饉の原因

河南省における一九四二年から一九四三年にかけての大飢饉の発生は、直接には天候の不順等の自然的要素によってもたらされたものである。郭景道は、修武《しゅうぶ》県牛荘《ぎゅうそう》村の例を挙げ、一九四一年から一九四三年にかけて雨がほとんど降らず、一九四二年と一九四三年にはイナゴの害で秋の収穫が無く、その上税金は例年通り徴収されたので、住民は飢餓状況に陥ったのだとしている。ただその前提として日本軍の武漢作戦の発動により、それへの対抗措置としての国民政府軍の花園口堤防の決潰事件があったことはすでに述べた。

直接の原因としてもう一つ挙げられているのは、国民政府の大飢饉と難民発生に対する無策である。当時、被害の拡大が国民政府の統治政策の不備のためであるとして、蒋介石に対して即時救援を求める活動が取り組まれた。一九四二年一一月のサーヴィスの報告は、被災者が飢えに苦しむ状況の下で収穫の半ば近くを占める重い実物税とそれとは別に軍糧が徴収されたことを告発している。諸税を徴収する役人も私腹を肥やしていたと、ホワイトは糾弾する。さらに彼は、その実態を知ったはずの蒋介石が、大飢饉にあえぐ住民への諸税の免除、難民援助などへの有効な対策を講じなかったことを批判した。この華南省の大飢饉への対処をめぐる国民政府の無策について、ホワイトは怒りを隠さず次のように記した。

私は気づいたのだが、憤懣の種は、中国政府と称するもの、つまり政府のふりをする無政府状態なのであった。……河南省では、軍隊は土地の収穫高を上回る穀物税を取り立てた。文字通り田畑を空にしたのである。軍隊は、穀物が余っている地域から穀物を運んでこようとはしなかった。つまり人びとの食生活を完全に無視したのだ。……県の一五万農民のうち、一一万人の食物がまったくないという。推測では一日七百名が死んでいる。……遠く重慶の政府は、河南省の穀物税を免除することを一〇月に決定していた。これは無知か偽善のどちらかである。なぜなら、地方政府は一九四二年秋の穀物税をすでに徴収していたからだ。中央政府はまだ目に見えもしない来年度の収穫に対する税を免除したに過ぎない。

ホワイトが指摘し、劉震雲の作品が訴えようとした中心問題は、飢餓は政治の無策による人災であったという現代につながる課題の指摘であった。そうした議論に導くための道具立てとして劉は日本軍による軍糧放出を取り上げた。

大飢饉の際に日本軍は実際に、劉震雲が『温故一九四二』の中で以下のように記したような軍糧を放出するなどの援助を行ったのだろうか。劉は「一九四三年冬から一九四四年春までの河南の被災地区においては、この大量殺戮を犯した侵略者が、ぼくの故郷の多くの人々の命を救った。彼らはわれわれにたくさんの軍糧を放出してくれた。われわれは行軍の軍糧を食べて生命を維持し、元気になった」と記した。また河南の民衆は「日本軍が中国軍の武装解除にゆくのを助けたりした」と述べている。以下劉が引用している資料を記載し、それらをもとにした劉の叙述について検討する。

日本軍の軍糧放出問題

一九四四年春、日本軍は河南省での掃蕩を決定した。……〔中国軍による〕耕牛の徴発の強行は農民にとって耐え難いものであった。だから農民たちはずっとチャンスを待っていた。数カ月来、彼らは災害と軍隊の残忍な巻き上げに、苦しみ耐えてきたのだ。いまや、これ以上、我慢はできない。彼らは猟銃をとり、青竜刀や鉄の鍬を用いて自らも武装したのだ。当初、彼らは兵士の武器を取りあげるだけだったが、最後には、中隊ごとにつぎつぎと軍隊の武装を解除させるまでに発展した。……三週間以内で、日本軍は彼らのすべての目標を占領し、南方への鉄道も日本軍の手に落ちた。

劉はこの資料を引用したあと、なぜ日本軍は六万人の軍隊で、三〇万人の中国軍を全滅させることができたのかと問い、その解答として日本軍が「軍糧を放出することによって、民衆を頼りにした」からだと述べた。ところがさきの引用資料では、「河南省での掃蕩」（一九四四年四月に始まる大陸打通作戦前半の京漢作戦を指す）の際に日本軍が軍糧を放出したとする記述はない。ただ農民が中国軍を武装解除させたので、日本軍は容易に同地を占領したとあるのみである。こうした河南農民の動向について、一九四四年一一月一一日付で米国の在中国二等書記官が河南省の状況についての信頼できる情報としてガウス駐中国大使に送った電報（FRUS所収）に次のような記述がある。

河南省の南西部を一九四四年一〇月に踏査した信頼できる人物の話によると、ある地域では住民のほとんどは不在だったが、ある地方住民の住居は中国人の農民兵士によって守られていた。……武器を手に入れた農民の多くは盗賊になったようだ。……富商は四〇〇カートのキャラバンと共に河南を旅行するに際して、一二〇人の武装した中国軍をともなっていた。旅行中の夜にライフルのみで武装した盗賊群に遭遇した。結果として盗賊は数億の戦利品を獲得した。

農民が盗賊化して国民党の軍隊を破ったという情報である。河南省南西部では、このような混乱した事態が生じていた。

もうひとつ、この地域で一九四四年七月一日から九月一九日まで戡定《かんてい》作戦を行っていた第一一〇師団の資料がある。戡定とは当時日本軍が使っていた用語で、武力行使による平定のことである。「接敵地区民衆は敵の搾取下にあり、民衆は我が進攻を期待しありたり」と記している。また京漢作戦の実施にともない「地区内の民衆は老人子供の一部を残し大部は附近の山中に避難し県城の有力者の如きは遠く西安、盧氏方面へ逃避し」たが、「避難民は八月中旬にはほとんど其の大部分が帰来し生業」に復帰したという。住民は絶対的に日本軍を信頼しているとも記している。七月二五日の伊陽県自衛団閻泰林以下の奮闘に対し賞金一〇〇円を、八月三日の馬家溝自衛団閻炭林以下の東溝附近における善戦健闘に賞金三〇〇円を、九月二三日に偃師《えんし》県城で撃墜された米人飛行将校の捕獲に対し賞金一〇〇〇円を日本軍が交付した。しかし軍糧が放出されたという記述はない。食塩やマッチなどの生活必需品が不足し、住民は経済的な不安を抱いていたというが、それへの対処策は記されていない。

他方、劉のいう日本軍の軍糧の放出という事実の根拠は何に求められたのであろうか。再び劉の作品を読み返してみると、彼がその根拠とする聞き取り調査は、故郷である河南省延津《えんしん》県で血縁者等に行ったものである。その時話題になった時期は主として一九四二年から一九四三年のことであり、京漢作戦が実施された一九四四年四月以降のことではなかったことに気づかされる。劉は「一九四三年、日本人は河南の被災地区に入り、わが故郷の人々の命を救った」とするが、その次のセンテンスでは「一九四三年冬から一九四四年春までの河南の被災地区においては、この大量殺戮を犯した侵略者が、ぼくの故郷の多くの人々の命を救った」と微妙に時期がずれている。それにしても、すでに石島が指摘しているとおり、京漢作戦の過程で日本軍が軍糧を農民に放出したとする記述は防衛庁編纂の『戦史叢書』にはない。第二七師団の第三中隊長として京漢作戦に参加し戦後歴史家となった藤原彰による『中国戦線従軍記』は、一九四四年四月二六日に鄭州《ていしゅう》（河南省中部の省都）を通過したときに、住民の姿はまったくなかった、と証言している。ただその後の湘桂《しょうけい》作戦の時期になるが、一二月三日に森金千秋の部隊が独山に到着したときに、歩兵第一大隊の兵隊が避難民にカユを支給していた、という記述がある。日本軍は、湘桂作戦の時期に軍糧を現地調達しつつ、避難民にその一部を配っていたことはあるのだろう。

それでは劉がいう日本軍による軍糧の配布とはどのようなことであったのだろうか。

清郷工作と愛路工作

再び大旱魃が起こった一九四二年から一九四三年の河南省延津県に戻ろう。この時期延津県は日本の北支那方面軍の治安地区内にあった。同軍は、華北を治安地区・未治安地区・准治安地区の三地区に区分し、治安の維持にあたっていた。延津県は北京から開封を通って徐州に至る鉄道の沿線近くにあり、河南省北東部の山東省に接する地域にあった。華北から華中に通ずる鉄道輸送網確保のために治安の確保が第一に求められていた。そのため、早くから地域の不安を一掃し民心を得るために清郷《せいごう》工作を実施し、治安を確保することが目ざされた。

一九三八年五月に日本軍は徐州を占領し、この地域の治安を確保するため「軍占拠地域治安粛正要綱」を作成した。交通の要衛の確保が優先され、鉄道両側一〇キロの地域内の村落に鉄道愛護村を設けて鉄道の守備に協力させることにした。一九三九年一月に作成された「民国二十八年度治安粛正実施要領」（スタンフォード大学フーバー研究所所蔵）に沿って、中支那派遣軍が樹立した傀儡《かいらい》政権である維新政府も共同行動をとることになった。杉山部隊本部「昭和十四年初頭粛正清郷工作」（山東図書館所蔵）によると、黄河以南と省城をのぞく河南省の一一県に二二万円の県政回復補助費が支出されることになった。河南省黄河以南と山東省の三〇県には六〇万円の支出であった。村々の自衛組織を復活強化し、道路や通信設備を整備することに充てられる費用であった。難民救済費として、北支那方面軍が前年一二月に樹立した中華民国臨時政府から五〇万円を支出する予定であるとも記されているが、このなかには食糧の支援が含まれていただろう。この時「物資の配給調整」も実施することになった。

河南省延津県の省境をはさんだ東側にある山東省済寧《さいねい》県の一九四一年一一月から一二月

にかけての農村調査報告によると、東三五里郷五里営村という鉄道愛護村には、石油一か月一戸一斤の特配があったという。村々には、塩は大人一か月一斤、子供半斤、マッチは大人一か月三個、子供一個を配給した。ただこれらの配給物は、配給後に統制価格よりはるかに高い闇価格で買い集められ中国共産党側の支配地域である共産区に流れたと記している。共産区との物資の交流は暗黙だが、なかば公然と行われているようであるとの報告であった。

華中鉄道警務部愛路課「華中ニ於ケル愛路工作ノ現況」（上海市档案館所蔵）によると、一九四〇年以降の数年間の華中鉄道における愛路工作の実態は「物をやる」「喜ばせる」「協力させる」ることであり、「物を仲介として我方の意を彼等に伝へ而してその協力を得て居た」と総括している。とくに「日用必需品の廉売」「薬品類の無料配布」「諸物品の頒与」は住民から大歓迎されたという。もっとも一九四二年頃から「物」の入手が困難になり、「従来のような普遍的に物品をばらまく」ことができなくなった。それでもたとえば日本軍の第一三二一部隊が一九四三年七月一七日に行った鉄道愛護村の連絡会議の決議には「鉄路民衆日用品之配給」に配慮すると記されており、「物」の配給にこだわっていたことがわかる。これは華中鉄道の事例ではあるが、鉄道愛護村を維持するための手段は「物」の配分であったことがはっきりする。

このように清郷工作や鉄道愛護村を中心とする愛路工作などに共通してみられたのは、配給機構の整備や物の配分により地域住民の歓心を得ることを通して協力を引き出すことであった。北支那派遣軍の治安地区にあり鉄道沿線にほど近い河南省延津県も、その対象地域に含まれており、飢饉に直面した住民に一定の「物」が配分されたといえる。劉のいう「日本軍の軍糧」の中身がそのようなものであったとすれば、あくまで治安維持のために実施されたことであり、かつ一九四四年の京漢作戦という純軍事作戦の途上においてなされたことではなかった。

もちろん劉は、そのこと自体を読者に伝えたかったのではない。刺激的な物言いをしながら、対比的に国民政府の非をこそ問題にしたのである。民衆が餓死におびえ日本軍の軍糧提供になびくのは、地域で生活する人々にとって当然のなりゆきだったのだ、と語りたかったのだろう。

アジア太平洋戦争期の難民

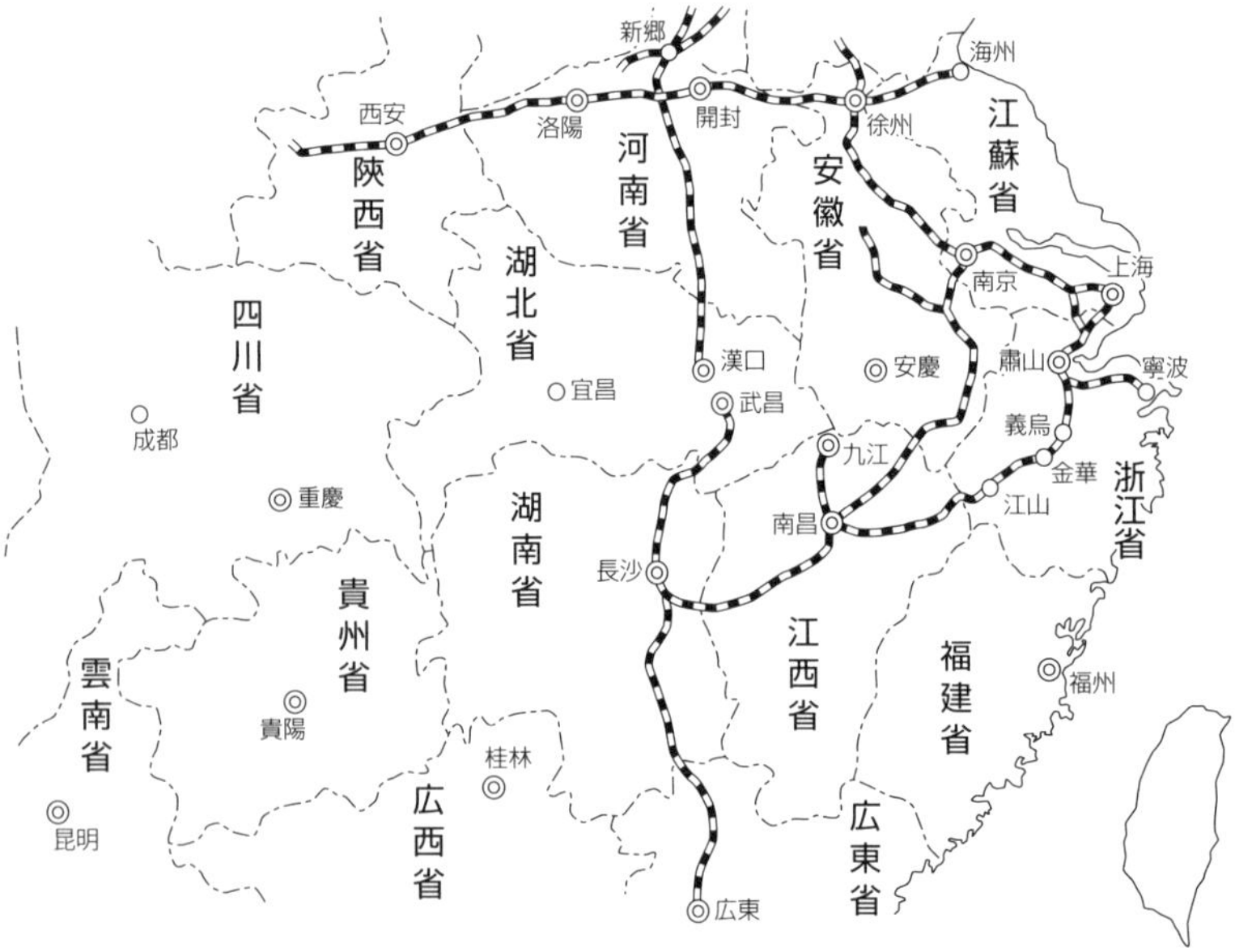

中南・江南略図　「中国全図　1938年」(「読売新聞」1938年10月15日附録）より作成

華中作戦下の難民

新作戦をめぐる対立

武漢・広東作戦後の中国戦線をめぐって陸軍省と参謀本部の戦争指導当局と現地の作戦軍の見解が対立した。戦争指導当局は一九三八年一〇月の「十三年秋季以降対支処理方策」において、これ以上戦面を拡大せずに占領地統治を推進するよう求めた。日独防共協定の強化によって国際関係を転換するなかで日中戦争の解決をはかろうとする日本政府の意向に沿った方針であった。一九三九年五月に満州国とモンゴル人民共和国の国境地帯でノモンハン事件が起こり対ソ戦備の強化が強く求められたが、第二次近衛内閣は南方進出方針を採用し北部仏印進駐を実行した。

しかし支那派遣軍総軍は、それまでの戦面を維持するためにこそ新たな作戦が不可欠であると認識していた。一九三九年九月に北支那方面軍と中支那派遣軍を統括する支那派遣軍総軍が発足し、中支那派遣軍は廃止されていた。現地の作戦軍は、一九四〇年八月に中国軍による百団大戦の損害を回復するために山西省中部で晋中《しんちゅう》作戦を実施するなど、治安維持体制の整備に追われていた。軍中央部の戦争指導当局から兵力の立て直しや整理を求められたが、作戦軍には兵力削減に応じる余裕はなかったし、中国との和平が実現することなしにそれまで維持してきた戦面を放棄するという選択肢もなかった。戦面はさらに拡大し、それにともない新たな難民が生まれることになる。

支那派遣総軍は一九四〇年五月には重慶爆撃のための前進基地を求める海軍の意向に沿って武漢から揚子江をさかのぼった湖北省西部にある宜昌《ぎしょう》への侵攻作戦を実施した。一〇月からは安徽《あんき》省と江蘇《こうそ》省の間にある揚子江南岸で、治安を安定化するために江南作戦を実施した。第一一軍は、一一月には湖北省中部の漢水で漢水作戦に着手し、一九四一年に入ると一月には河南省南部で湯恩伯《とうおんはく》軍に対し豫南《よなん》作戦を、五月には湖北省で江北《こうほく》作戦を、九月から一〇月まで第一次長沙《ちょうさ》作戦を行った。さらに第一一軍は、一九四一年一二月から翌一九四二年一月まで準備の整わないままに第二次長沙作戦を実施したので、中国軍から激しい反撃を受けて撤退した。華中の内陸中心部で戦われた作戦で日本軍の安定した占領地が生まれることはなく、したがって一九四三年に至ってもこれらの地域での闘いは続くことになる。

一九四〇年から一九四一年にかけての華中作戦における難民の動向を追うことができる資料は少ないので、戦闘詳報の「住民地の状況」などに断片的に記載されている難民の動向を作戦ごとにたどることにしよう。

戦闘詳報に見る難民

戦闘詳報には記載にあたって示されている書式がある。はじめに「戦闘前における彼我形勢の概要」を記入し、次いで「戦闘に影響を及ぼしたる気象地形及び住民地の状態」が続く。その後に「戦闘経過」が記録される。これは目安であり、実際にすべてが統一されていたわけではない。難民については「住民地の状態」の箇所に記されていることがある。ほとんど記載されていないのが普通であるが、記載者の眼が住民に注がれる場合には、いくつかの事項が記録された。

まず一九三九年九月から一〇月にかけての第一次長沙作戦である。第三三師団の通信隊は、作戦地の住民がほとんど逃避して不在だったと記している。第六八連隊第一大隊は、上陸地点から胡家坪《こかへい》付近までの村落はほとんど半永久的な兵営に改造されていて要塞地帯になっていると報告したが、住民の動向には触れていない。

一九四〇年四月から湖北省西部の宜昌作戦に加わった独立山砲兵第二連隊の戦闘詳報は、「戦闘地に於ける住民は避難してその姿を見ず」と記録した。

次は一九四〇年一〇月の江南作戦である。第一三軍が江蘇省と安徽省の間の揚子江南岸で実施した作戦についての第一七師団第五四連隊の戦闘詳報がある。安吉と広徳はいちじるしく荒廃していたが戴埠鎮《たいふちん》の市況は活発であるとし、そこでは住民の避難があまり見られないようだと記した。避難者が少数であったとする事例である。

漢水作戦は翌一一月に湖北省中部の漢水方面に駐留していた中国軍に対する作戦である。第一七師団第五四連隊によると、村落は敵の駐留地になっており、家屋は大部分現存しているものの住民は大部分避難している、とのことであった。

一九四一年一月には豫南作戦が実施された。河南省南部豫南に駐屯する中国軍への作戦であった。歩兵二三六連隊第一大隊の戦闘詳報によると、河南省東部の汝南《じょなん》城の住民のほとんどは抗日保安団として組織訓練されており、その他の住民を含め抗日意識が強いので、日本軍が近づくとすべて遠くに逃避したという。営湾でも住民の抗日姿勢が強く、みな避難していたという。

江北作戦は豫南作戦に続いて一九四一年五月に第一一軍が湖北省で実施した作戦である。五月六日付の歩兵六八連隊第一大隊の戦闘詳報には、従来たびたび戦場となった場所では破壊された家屋が多く、離散した住民が少なからずいる、農業を主とする自給的経済生活を営んでいるのがほとんど大部分である、と記されている。同じく第二中隊の五月一三日付戦闘詳報では、村落の住民はすべて山地の林の中に逃避しており、村には老婦女などしか残っていない、とのことだった。同隊の九月二〇日の戦闘詳報では、電電山系付近の村落で敵側の宣伝がなされており、住民等はすでに逃避していたという。

一九四一年七月二五日付の歩兵第一〇三旅団の戦闘詳報は、宜昌北方作戦時に「住民はすべて山地内叢林中に逃避し、患者輸送のための苦力収集に困難をきたした」と記している。

戦闘詳報に記載されている「住民地の状況」欄のわずかな事例をたどった結果、一事例を除くほとんどの場合、日本軍の進軍前に住民は早々と避難していたことがわかった。

長沙大火と長沙作戦

湖南省における難民増加の最初のきっかけは、長沙大火として知られる国民政府軍による都市放火事件であった。日本軍が武漢を占領した直後の一九三九年一一月一二日、国民政府軍は湖南省の長沙に日本軍が進軍することを見込んで市街地に火を放ち、ほとんどを全焼させた。国民政府軍が、日本軍に軍事的に対抗するための手段として誤った情報をもとに放火してしまったのである。さきの花園口事件では武漢作戦のための進路を一時阻むことができたのに対し、長沙大火事件は日本軍の進軍が虚報だったので戦術的効果はなかった。郭沫若《かくまつじゃく》は次のように皮肉を込めて指摘せざるを得なかった。長沙に火をつけて焼き払ったのは、張治中《ちょうじちゅう》や潘公展《はんこうてん》の功労だった。彼らは奇功をたてたい一心で、長沙市の大火をもたらした。だが一〇〇万戸以上の人家を焼き、その上傷病兵や病人や年寄りの市民を焼死させた。その責任は誰が負うのか、と。

このとき長沙の大火のなかを逃れつつあった日本人民反戦同盟を組織していた作家の鹿《か》地亘《じわたる》は、一〇〇万都市が避難者の増加でみるみる二倍近くにふくれあがり、多くの被害をもたらしたと回想している。ただ『長沙文史資料』第一号に掲載されている「文夕大火受災状況記略」によると、長沙市の当時の人口は三〇万人で、武漢等から三万人の難民が流入していたというから、三三万人程度の人口だったたと見られる。火災は三昼夜続いたが、三万人が市内にとどまったままで、死傷者は三〇〇〇人だったと夏瑛「長沙文夕大火真相」は記している。

日本軍が実際に長沙作戦を実施したのは一九四一年八月から九月にかけてと同年一二月の二回であった。八月三〇日付の第四〇師団騎兵隊中隊の長沙作戦戦闘詳報は「住民ほとんど逃避」と記している。九月一二日付歩兵第六連隊第三大隊の戦闘詳報も「住民は日本軍の進攻により多く遁走避難した」と記録した。

湖南省の難民

長沙を省都とする湖南省は、河南省に次いで二番目に難民の多かった省である。難民数の人口比は河南省や武漢にほとんど並ぶ四三％の高率であった。ただその実態は、他省に比べ把握できないことが多い。三次にわたる長沙作戦や常徳《じょうとく》作戦、何より大陸打通《たいりくだつう》作戦の中心である湘桂《しょうけい》作戦の戦場となった地域であり、大部分は作戦の進行にともなって生まれた難民であった。

中国大陸を南北に縦断しながら侵攻した大陸打通作戦の一環である京漢《けいかん》作戦や湘桂作戦の展開過程で河南省や湖南省で大量の難民が生まれ、その多くは国民政府や共産党の支配地域へと移動した。湖南省の農業生産高は中国で一番多く、随一の穀倉地帯であった。湖南省の各都市には、日中全面戦争の時期に各地から次々と難民が流入し、人口が膨張していた。衡陽《こうよう》の一九三七年以前の人口は一〇万人程度だったが、その後四五万人にふくれあがった。同じく湘潭《しょうたん》では二〇万人から三〇万人に、洪江《こうこう》では四万人から一五万人に、津市《しし》では二万人から一〇万人へとそれぞれ増加した。

江蘇省の清郷工作

日本軍の軍事作戦の実施に合わせて、占領地で取り組まれた清郷《せいごう》工作を見よう。傀儡の汪精衛《おうせいえい》政権による清郷工作は一九四一年七月に、まず江南地区第一期工作として始まった。日本軍も加わって、上海近郊の太倉・常熟地域の国民政府系の忠義救国軍と中共系の新四軍をこの地区から追い出す工作である。そのために一定の地域を囲って、その内部に忠救軍や新四軍などが入り込まないように隔離する工作であり、囲った内部が清らかな場所とされる「清郷」であった。

同年九月一四日に江蘇省呉県常熟で安藤部隊長が「清郷工作に就《つい》て」話した。清郷のために村落の周囲を竹の柵で囲んだが、その周囲は八八キロ、使用した竹の本数は四五万本にのぼった。延べ人員二万人を使って七月六日から一五日までの間に完成した。大検問所が三か所、特種検問所が一か所、小検問所が二六か所設置された。日本軍部隊は当初一〇人内外に分かれ七八か所に分駐した。その後中国兵が一五か所に駐屯したので、日本軍の駐屯所は四九か所となった。七月以降新四軍に対し四一五回の掃討戦を実行した。日本軍が出動すると、現地農民は全部逃げてしまったが、だんだん戻るようになった。郷長や保甲長も逃げていたが、戻りつつあるとのことであった。

二か月を経て同地域に汪政権下の行政機関が設置された。その間に帰来した住民は一三万三〇〇〇人であったという。この経緯は二つのことを明らかにしてくれる。一つは、一九三七年一二月にこれらの地域に日本軍の宣撫班が入って治安維持会を発足させたものの、それ以降の三年余にわたって華中の都市近郊地域では占領地経営が実施されていなかったことである。もう一つは、戦乱状態はなお続いていて、多くの難民が右往左往していたことである。一九四一年一月には国民政府系の忠義救国軍が共産党系の新四軍を襲撃する新四軍事件も起こっていた。九月までの二か月間に一〇万人以上の住民が帰来した背景には、この地域の治安が依然として不安定で、住民は身の安全と生活の維持を求めて移動を繰り返さざるを得ない状況があったからであろう。

一九四二年二月からの第三期清郷工作は常州・蘇州・無錫で実施された。四月に汪精衛主席が現地を訪れ、同地域の五〇〇万人の人口中六〇万人が帰来民として戻ってきたとの談話を発表した。第三期清郷工作指導要綱によると、清郷工作の範囲をさらに主要都市周辺に拡張するとしている。日本軍の歩兵八大隊と中国側の三五〇〇〇人、警察保安隊一万一五〇〇人の兵力により、清郷工作は無錫県・呉県・常熟県・江陰県・武進県・太倉県・崑《こん》山《ざん》県などで実施された。さらに南京市方面にまで拡大された。しかし日本軍の軍事顧問の転任や政権内の内紛のため同工作は行き詰まってしまい、一九四三年六月には清郷委員会を廃止した。

特定の地域を囲って治安体制を整えるという方式は、住民の自治機関との連携がない場合もっぱら軍事力によって維持されることになる。旧来の行政機関と日本軍の息のかかった清郷工作の担い手とは対立することも多く、円滑に進めることができなかった。

華中の愛路工作

愛路工作は、清郷工作のなかでもとくに鉄道など交通機関を保護するために指定された地域で行われた活動であった。上海の日本大使館事務所が一九四四年三月に行った調査によると、華中における鉄道の被害は愛路工作の実施にもかかわらず一九四二年から一九四三年にかけて悪化の一途をたどったという。清郷地域や愛護地域を設定して他地域と遮断する方針は、それまで何とか維持されていた食糧供給をはじめとする物資の流れを断ってしまう。報告は、沿線住民の多くが自分たちの生命財産の維持に汲々としていて「日和見態度を持し笛吹けど踊らず、誠に度し難き存在」であると記した。年を経るにつれ日本軍による華中の占領地経営の危機は深まった。

ドウリットル空襲と浙贛作戦

ドウリットル空襲の衝撃

一九四二年に入ると中国大陸では再び重慶作戦が模索されたものの、実際に着手されたのは浙贛《せっかん》作戦であった。浙贛作戦とは一九四二年五月から九月にかけて浙江省の衢州《くしゅう》や麗水《れいすい》、玉山等の飛行場を破壊した作戦である。日本本土空襲を防ぐことを目的とし、一二万人の兵力を動員して実施された。この華中での新たな戦争でも、多くの難民が出た。太平洋や東南アジアまで軍隊を送り、なおかつ対ソ戦準備を整えようとしている時期に、それまで支那派遣軍ではまったく企図されていなかった華中における新たな作戦になぜ踏み切ったのであろうか。

浙贛作戦発動の直接のきっかけは、一九四二年四月一八日の米空軍による日本本土初空襲となるドウリットル空襲であった。航空母艦から発進した一六機のB二五が東京・名古屋などの都市を爆撃したあと、中国大陸の華中方面等に着陸した。

日本の政治指導者は、日本全土が米国による空襲の射程距離に入ったことに大きなショックを受けた。米国側としては継続的な日本本土空襲を行う余裕はなく試験的な爆撃であった。しかし日本本土が米国による空爆の射程内に入ったことは、一般国民に突然戦争の前面に立たされたような感覚をもたらし、士気に影響するところが大きいと受けとめられた。そこで従来の作戦方針を変更し、日本への空襲のためのB二五離着陸可能地にある浙江省の玉山飛行場などを破壊する浙贛作戦を実行することになった。

東条英機首相が空襲直後に上奏したとき、天皇は「敵機は何処に行つたか、及政策拡充に影響なきや」と質問し、東条は「直に対策を樹立すべき旨」答えたという。杉山元《すぎやまはじめ》参謀総長も天皇に上奏した。彼は帰庁後「今後本格的な大空襲がないとは断定できない」ので、「重爆をもってする浙江省の敵飛行場攻撃」を命じた。ただ杉山はこの時重爆撃機による攻撃以外の、現地軍を大動員する浙贛作戦には触れなかった。

参謀本部第一部長の田中新一はドウリットル空襲のような空爆が、戦争の行く末に重大な影響を及ぼすと認識し、中国大陸からの空襲機の発着を防止するための具体的措置を求めた。ドウリットル空襲の三日後の四月二一日、大本営は畑俊六《はたしゅんろく》支那派遣軍総司令官に対して重爆撃機と軽爆撃機のそれぞれ一戦隊を新しく中国に配備すること、華中の飛行場破壊のための新作戦を発動する可能性があるので第一三軍の新作戦を中止することを求めた。この時第一三軍は、重慶作戦につなげるための一九号作戦に着手する手はずを整えていた。畑俊六は作戦準備が完了しているので急に中止することは統帥上問題があると、参謀総長に意見を具申した。しかし翌日参謀総長から、「浙江飛行場の撃摧《げきさい》は頗《すこぶる》急を要する」ので「十三軍の十九号作戦は之を中止し、速《すみやか》に飛行場撃摧に転換相成度《あいなりたし》」との返事があった。やむを得ず野田謙吾《のだけんご》総参謀副長と草地貞吾《くさちていご》参謀を上海に派遣し、沢田茂第一三軍司令官に伝えたという。

作戦軍の反発

参謀本部の高山中佐は四月二四日、浙江省の敵飛行根拠地撃滅作戦を実施するための詳細案を携えて支那派遣軍司令部を訪れた。畑俊六司令官は日記に「随分人を馬鹿にしたる次第なり……日頃総長が国土防衛は完全なりと奏上したる手前、何とかせねばならぬ処まで追ひつめられたる結果なりとのことなるか随分迷惑なる話なり」と記した。上海で高山中佐を迎えた第一三軍司令官の沢田茂も、「諒解に苦しむ点は、浙東各地の飛行場は一度之を破壊するも、其の再建は極めて容易なり。何故に永久確保の途を講ぜざるや之れなり。軍特に予は着任以来敵第三戦区の崩壊を其の目標となし来たれり」と日記に記した。

前線をあずかる司令官は、この新作戦に対する強い違和感を抱いた。それまで継続して進められてきた華中における軍事作戦を中止して、飛行場の破壊のための新作戦を実施せよとの命令であるから、支那派遣軍総司令部も第一三軍軍司令官も強く反発せざるを得なかった。新作戦が成功しても、飛行場を破壊して撤退することになっていたから、作戦実施の意義について強い疑義が持たれたのである。

しかし田中第一部長は、このような作戦軍の不満を承知しつつあえて浙贛作戦の実施を指示した。四月三〇日、「地上兵力を以て攻略を企図する敵主要航空根拠地は主として麗水、衢州、玉山附近の敵飛行場群及之に伴ふ諸施設」とするとの大陸命《たいりくめい》（陸軍への天皇の命令）が発された。一九三八年に広東爆撃から重慶爆撃へと都市爆撃を拡大していった日本軍指導者は、一九四二年には首都東京の電撃空襲を受けて冷静な作戦の見通しと判断を見失ってしまった。

浙贛作戦の着手

第一三軍の六個師団は五月一五日に杭州から、第一一軍の二個師団は五月下旬に南昌から進軍した。九月末までの間に衢州・麗水・玉山等の飛行場を破壊し、浙贛線を確保した。しかし急な作戦であるのに加え、雨が続く季節で道路も悪く、食糧を含む軍需品の輸送がほとんどできなかった。後方主任参謀の井上克彦少佐によると、「杭州には軍需品が山積されているが、ほとんど消費できなかった」という。

現地軍に対しては「高度の現地自活」が求められた。沢田軍司令官は七月二日の日記に「今次の作戦は既に四十数日を経過せるも未だ兵站《へいたん》補給開かれず、各兵団は現地自活に創意工夫を凝らしあり。恐らく国軍未曾有の作戦なるべく、後方勤務の為《ため》将来への絶大の参考となるべし」と記した。また八月二日には「第二十二師団参謀長報告の為来部、同師団の栄養失調患者多数にして、反転作戦にも支障あらんかと憂慮しあり。特に食物単調にして食欲不振なりとの事なり」「現在入院百数十名、在隊練兵休等一千余名に上りあり。次期作戦に影響する処大なり」としたため、食糧不足が作戦そのものの遂行に支障をきたすことを案じた。

浙贛作戦の際に第四〇師団第八中隊長だった佐々木春隆が五月三一日に第三四師団の警備線を通過したとき目に入ったのは、見わたす限りの原野であったという（『華中作戦』）。「あらゆる部落を焼き払い、水田の耕作を禁じ、住民の立入りを厳禁」したためであった。南昌周辺にあるこの地域の住民は、すべて難民化せざるを得なかった。このような事態が、戦場となった地域で次々と起こった。国民党広東省政府が発行する「大光報」の戦闘が終わった直後の報道によると、浙贛地域は「完全に廃墟と化し」、「臨川、広豊、上鏡、南城、玉山、麗水、衛州の被害は最も甚大で各地の難民は平均三千以上といわれ、死骸は街路に横たわり、惨状目を蔽わしむるものがある」とのことであった。

結局実施された浙贛作戦は、阿南惟幾《あなみこれちか》第一一軍司令官が新作戦を知らされたときに指摘していた懸念、すなわち「総軍が米の小空襲にて浙江作戦をなし、今秋対重慶作戦のため大規模の攻勢をなし得ざるは遺憾なり」の通りになった。浙贛作戦を実施することによって重慶作戦を進める余裕はなくなり、しかも食糧等兵站の確保にさらに四苦八苦する事態となった。この作戦実施の決定は東条首相兼陸相や田中参謀本部第一部長にとって、国民の継戦意志を確保するために、すなわち国民動員のために必要不可欠であると認識された。作戦軍の意向をさしおいて、軍・官の連携により実施されたのが浙贛作戦であった。

村落の毒化

浙贛作戦の対象地となった崇山村や衢《くけん》県では日本軍による細菌の散布実験が行われ、その蔓延を防ぐために村落の焼却が実施された。その史実は上田信『ペストと村』（風響社、二〇〇九年）や張世欣編著『浙江省崇山村侵華日軍細菌戦罪行史実』（浙江教育出版社、一九九九年）として公刊されているので、経緯のみ記しておこう。

すでに一九四〇年九月から一〇月にかけて浙江省で六回の細菌攻撃が実行されていた。そこではコレラ・チフスの散布は効果が見られず、ペスト菌が有効だろうということになった。そこで一九四一年九月、湖南省の常徳でペスト菌の細菌攻撃が行われた。

浙贛作戦が終結した直後の一九四二年九月から一〇月頃にかけて崇山村でペストが蔓延

した。日本軍は一一月一六日頃に崇山村の二百余戸を焼いた。被災民は七百余人であったという。崇山村の近隣の義烏《ぎう》に日本軍の連隊本部があり、防疫会議で同村の焼却を決定したという。浙贛作戦期には崇山村などの村落が、コレラ・チフス・ペスト菌散布の対象となった。いったん避難した住民は、戦闘がおさまったあと村に戻り、その間に散布されていた菌に感染した。さらに日本軍により村ごと焼却されたので、村民は再び難民化を余儀なくされた。

なおこの事件は一九九七年八月に東京地裁に提訴されたが、二〇〇七年五月に最高裁は東京高裁の控訴棄却への不服上告を却下した。

大陸打通作戦と難民

大陸打通作戦の決定過程

大陸打通《たいりくだつう》作戦とは、一九四四年四月から翌年二月までの間、中国大陸の中心部を北から南まで通貫する京漢線（北京—武漢（漢口））と粤漢《えっかん》線（武漢（武昌）—広州）を確保し敵航空基地を破壊することを目的として実施された作戦である。正式名称は一号作戦という。前半の京漢作戦と後半の湘桂作戦に分かれており、合わせて五〇万人の兵力を動員した日本陸軍最大の作戦であった。東南アジアや南太平洋まで戦面が拡大した段階で、なぜ大兵力を動員してまで中国大陸で新作戦を実施したのであろうか。この作戦により日中戦争期を通して最も大量の難民が生まれただけに、その経緯を整理しておく必要があろう。

実施決定の過程ではもちろん参謀本部第一部作戦課の役割が大きかったが、支那派遣軍の動向も重要である。さらに国内政治に配慮した東条首相（陸相と参謀総長を兼任）の意向がその推進力になった。国民の戦意喪失を防ぐために対日空爆基地を潰すという大義名分なしには、円滑な決定には至らなかった。日本における従来の研究では、一九四三年一〇月に参謀本部第一部作戦課長に服部卓四郎《はっとりたくしろう》が復帰することにより、上司の眞田穣一郎《さなだじょういちろう》第一部長と服部が指揮して同年一二月以降に着手されたことになっている。だが作戦の着手に際して支那派遣軍の意向が強く反映していたことに留意すべきであろう。

大陸打通作戦立案の始点は一九四三年の末ではなく、支那派遣軍が同年八月九日に大本営に要請した「重慶覆滅《ふくめつ》作戦指導に関する計画」にまでさかのぼる必要がある。計画を携えて重慶作戦着手の必要性を訴えた天野正一《あまのまさかず》支那派遣軍参謀に対し、当初陸軍中央部は消極的であった。その連絡を受け取った畑俊六支那派遣軍総司令官は、守勢に立つばかりでは重慶屈服の機会は来ないと嘆いた。つまり前年一九四二年三月から参謀本部作戦課で進められ、ガダルカナル島への兵力追加投入のため延期になった重慶作戦を、今度は作戦軍が強く求めたのである。

しかし軍中央部は、すでに一九四二年末には汪精衛の南京国民政府を通して和平を実現しようとする方針に転換していた。軍中央部は西南太平洋での対米戦に対応するのが先決であるとして支那派遣軍の要請を却下した。そこで支那派遣軍は、その後をにらんで独自の作戦案を作成し、交渉を重ね、最終的に大陸打通作戦の実施にこぎつけることになる。

支那派遣軍は八月二八日に「昭和十八年度秋季以降支那派遣軍作戦指導の大綱」を作成した。この大綱には、華北での剿共《そうきょう》作戦、一〇月上旬着手の広徳作戦、一〇月中旬からの常徳作戦とともに、一九四四年二月以降に京漢打通作戦を実施することが盛り込まれていた。大陸打通作戦の前半部分である京漢作戦実施を、この時点で支那派遣軍が求めていたことになる。

大本営はビルマ作戦との関係で支那派遣軍が提案した広徳作戦・京漢作戦などを保留するよう指示したが、他方では九月二七日に大陸命を発し、華中において一時的に作戦地域を越えて作戦を実施することを許可した。後の大陸打通作戦の前段となる京漢作戦については実施が保留されたが、広徳作戦は九月三〇日、常徳作戦は一一月二日にそれぞれ開始された。「眞田穣一郎日記」によると、支那派遣軍は一〇月上旬、常徳作戦後に京漢線南段打通作戦をやりたいと要請した。一九四四年一月から二月にかけて実施するという計画である。眞田は前年の一〇月二〇日に参謀本部作戦課長から第一部長に昇進していた。後任の作戦課長には服部卓四郎が就いていた。杉山参謀総長が服部に対して、華中から粤漢線を打通することにより米空軍の活動を制限できないかと質問し、自分もかねて考えていたことなので部課に具体策の研究を命じたという（『戦史叢書　大本営陸軍部〈七〉』）。つまり参謀本部側は米国の空軍基地の破壊作戦を実施したいという意向であった。

一一月初旬には粤漢打通作戦が検討され、基幹兵力や後方部隊のやり繰りが問題になった。すでにこの時点で以下の構想が記されている。北支那方面軍から三師団を抽出して一一月上旬から一か月間で京漢線を打通する。一九四四年六月上旬から四か月の作戦期間で湘桂・粤漢両線を打通する。使用兵力は武漢から八師団、華北から一師団、広東から一師団、仏印から二師団弱を用いる、と。一二月に入ると、計画は一気に具体化した。この時も出先軍である支那派遣軍がまず立案している。支那派遣軍の天野参謀は大本営で眞田部長・服部課長から大陸打通作戦の枠組みについて説明を受け、一二月三日に東京から南京に戻った。そして一二月七日に支那派遣軍の原案である「大陸縦貫鉄道作戦指導大綱案」を打電した。同案は、その表題に示されているように、鉄道による大陸打通を目的とする案だった。一方積極作戦を求める服部卓四郎作戦課長の下で検討された案には中国のアメリカ空軍の覆滅に焦点をあてるという目的に限定する必要があると記されている。機密作戦日誌には、作戦準備について、航空機の不足の問題や、「後方補給は殆んど望み得ず」などと指摘されているが、後述のように、それは現実のものとなる。

宮崎舜市支那派遣軍参謀が一九四四年一月六日に東京に行ったときに「一号作戦大綱案要旨」が示された。作戦目的の最初は敵空軍基地の覆滅で、次が大陸縦貫鉄道の打通、三番目が国民政府の継戦企図の破摧であった。

大陸打通作戦の発動

最初に着手するのは湘桂作戦ではなく京漢作戦に変更された。これが大陸打通作戦の最終案となった。参加兵力四一万人、作戦距離二〇〇〇キロの大作戦が想定された。

支那派遣軍の松井太久郎《まついたくろう》総参謀長が「一号作戦実施に関する大陸命」と「参謀総長指示」を受領したのは一九四四年一月二四日である。作戦目的は「西南支那に於ける敵空軍の主要基地を殲滅」するとともに「湘漢及南部京漢鉄道沿線の要域を攻略する」ことであり、「大陸打通」の文言は入っていない。東条英機参謀総長兼陸相が、同作戦の目的を京漢線と湘漢線を貫通させる打通作戦とすることに難色を示し、あくまで敵航空基地の覆滅とするよう強く求めたからである。実際に発動された一号作戦は表向きは「大陸打通」を目的とせず、敵航空基地の覆滅を掲げて実施されることになった。ただ支那派遣軍参謀は、後者の目的に沿って本作戦が事実上大陸打通作戦であると認識していた。二月初旬の「眞田日記」には、東条参謀総長が「鉄道打通の色気?が残って居る」「仏印と完全打通の前に西安飛行場を封ずる手を考」える必要があると苦言を呈していたことが記されている。東条と作戦軍の思惑は行き違ったままの作戦発動であった。

大陸打通作戦の展開

大陸打通作戦は、一九四四年四月から一九四五年二月にかけて、京漢作戦・第一期湘桂作戦・第二期湘桂作戦・南部粤漢作戦の順に実施された（図8参照）。しかし日本の陸軍史上最大の動員規模となった同作戦の内実は、制空権もなく、補給もほとんどない無謀な行軍と戦闘であった。

まず京漢作戦は一九四四年四月一八日に第一二軍を主力として着手された。花門付近の黄河を渡河して、京漢鉄道沿線を確保し、洛陽を占領するなど国民政府軍を相手とした戦闘であったが、制空権を持たなかったので、夜間行軍などが多用された。

第一期湘桂作戦は五月二七日に第一一軍を主力として開始されたが、その最大の隘路は制空権とともに食糧を中心とする補給難にあった。とくに食糧は現地で調達することになっていたので、行軍先のすべての地域住民は日本軍による食糧の掠奪にさらされることになった。この作戦に参加した藤原彰は、「この長大な作戦に、食糧の補給をまったくしないで掠奪をするなといっても、無理な注文であろう。第一線部隊は飢え死をしないためには、掠奪をしないわけにはいかなかったのである。掠奪はたしかに悪事であるが、その責任は補給を無視した作戦計画を樹てた軍の上層部にあるといえよう」と同作戦の決定そのものに問題があったことを指摘している。補給難にともなう損害は、作戦の進展に大きな影響を与えた。とくに六月二六日に衡陽《こうよう》飛行場を占領して以後に一気に衡陽まで侵攻しよ

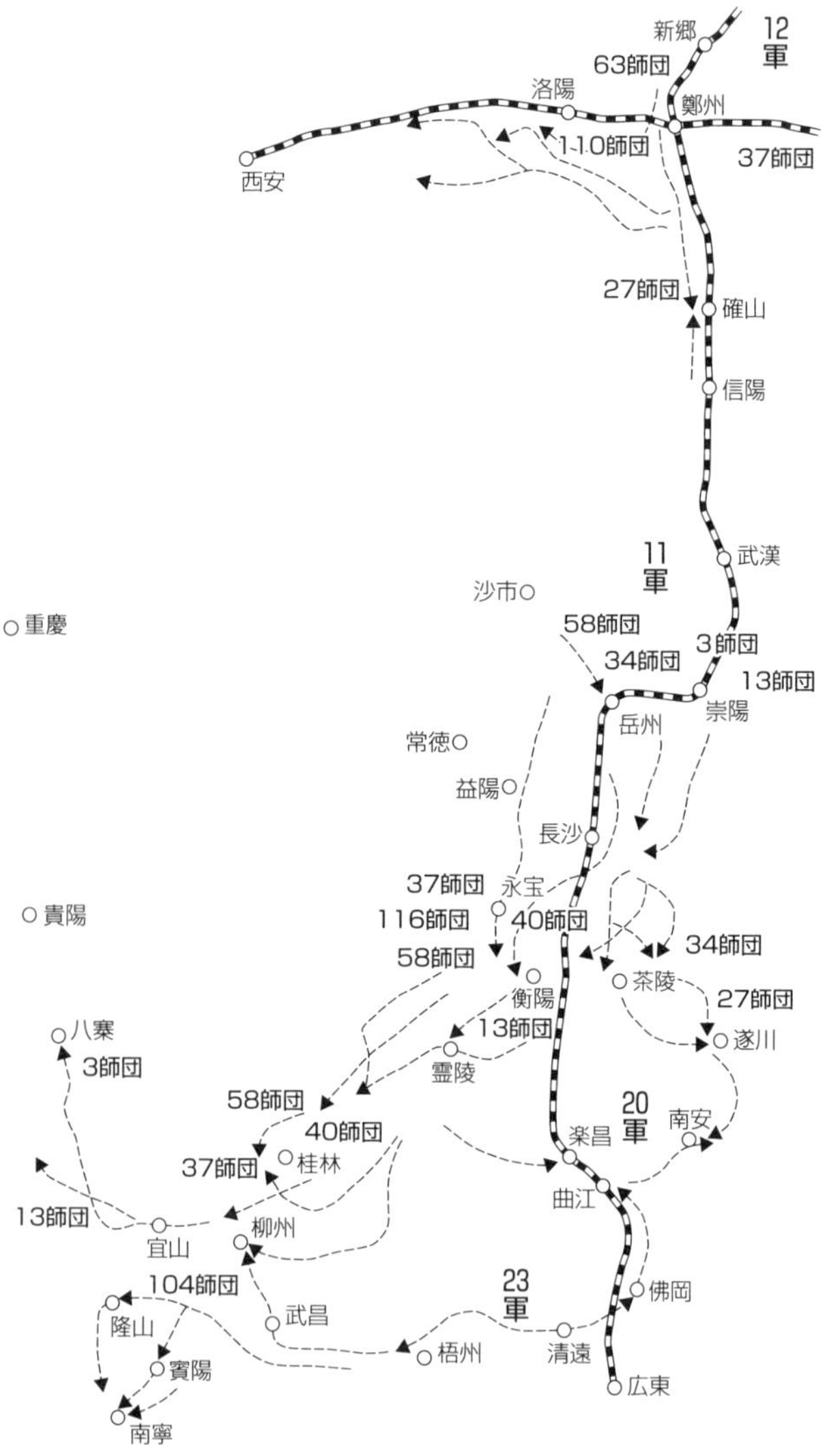

図８　大陸打通作戦図　「大陸打通作戦概見図」(『近代日本戦争概史地図』戦史教養叢書刊行会，1964年）より作成

うとした計画を中止させた要因は補給難や制空権がない点にあった。

第二期湘桂作戦は、桂林と柳州《りゅうしゅう》、さらには南寧《なんねい》の占領を目ざしたもので、おおむね一九四四年九月から一二月までの間に実行された。粤漢線打通作戦と遂川《すいせん》作戦は翌一九四五年一月から二月にかけて実施された。広東方面の鉄道線の確保と遂川などの航空基地破壊が目的であった。当時作戦課員であった西浦進によると、一九四四年九月頃には、日本軍と中国軍の勢力比は一五〇対七五〇と判断されたという。そのため将来の輸送の困難を見越して人馬を一挙に補充することになった。ほとんどが未教育の補充兵一〇万余人と四万匹の馬が同年末にかけて武漢を経由して前線に送り込まれた。食糧の追送はなかったので、「自ら糧秣《りょうまつ》を収集自活して行軍するを要し炎熱長期の夜行軍と相俟《あいまつ》て其の損耗就中《なかんずく》馬匹の滅耗は著しいものがあった」という。大陸打通作戦の動員規模は五〇万人であったが、実際にはそのうちの三分の一以上を占める一七万人が第二期湘桂作戦以降に動員された補充兵であった。

衡陽侵攻と難民

第一次湘桂作戦で戦場となった衡陽では、日本軍の進軍がさしせまった一九四四年六月上旬に、国民政府軍によって全市民の疎開が命じられた。市街地が戦場となり、居住者が戦闘の障害になることを恐れたからである。

秦保民『孤城衡陽血戦記』には、市民の悲惨な疎開状況が記録されている。住民は家財

表10　日中全面戦争期の衡陽地区被害状況

	死亡者数	重傷者数	軽傷者数	計
衡陽市	29,480	15,225	10,205	54,910
衡陽県	135,678	138,001	49,863	323,542
衡山県	9,872	12,952	35,671	58,495
耒陽県	104,680	80,280	58,868	243,828
常寧県	51,841	4,758	9,386	65,985
祁陽県	19,266	19,430	19,690	58,386
合計	350,817	270,646	183,683	805,146

注　中国人民政治協商会議衡陽市委員会『衡陽抗戦鋳名城』（中国文史出版社，2005年，762〜763頁）より作成．

を残し、わずかな衣服や金目のものだけ持って避難の行列に身を委ねた。迫撃砲中隊長として指揮にあたった白天霖が見たのは、老人を助け幼い者の手をひいて船や車に乗り日本軍の勢力の及ばない地区へ疎開を始めた難民の群れであった。衡陽市民の二割以上は市内を離れることを承諾しなかったので、第一〇軍の特殊党部・市政府・警察局が各戸を捜索し、残っていた人々に半ば強制的に衡陽市外へ出てもらうよう慫慂《しょうよう》した。六月二〇日ごろに衡陽はからっぽになった。

『衡陽抗戦鋳名城』によると、その後の空襲や三次にわたる衡陽会戦の結果、衡陽市街は「全城一物も残さず焼け尽きた」という。台湾の中国国民党党史館所蔵の「振済委員会弁理湘桂民救済之経過」には、振済委員会の一九四四年一二月一八日付の報告のなかに、衡陽からの撤退難民は「最多時約六十万人」であったと記されている。全市民が疎開したので、日本軍の占領期間には衡陽市民のほとんどが難民になっていたことになる。衡陽地域では日中全面戦争期に三五万人が死亡し、二七万人が重傷、一八万人が軽傷であった（表10参照）。

他方日本軍も、食糧不足に悩まされ、戦病死者が多数出た。軍医として作戦に参加した魚住孝義による『ある患者収容隊員の死』によると、衡陽地区では食糧が確保できず各自が稲を刈って食べていたという。コレラが蔓延していて、兵站病院で感染・死亡する者が多かった。コレラのほか栄養失調症で死亡する者もいた。魚住は、大陸打通作戦で何万人もの日本兵が下痢・栄養失調・コレラで死亡したことを悔やんだ。作戦に参加した第五八師団は、漢口出発時一万三八四九人だったが、湘桂作戦から敗戦までの戦死者・戦病死者・生死不明者は七三八八人となり生存者は半数以下であった。

同じく作戦に参加した星野博『衡陽最前線』によると、そもそも第一一六師団が衡陽県に目をつけて原駐屯地の宝慶《ほうけい》から移動したのは、そこが湖南省有数の米の生産地だったからだという。一九四四年一二月に歩兵第一二〇連隊第九中隊は台源《たいげん》に進駐して警備に任じたが、その主要目的は糧秣の収集であった。何人もの隊員が衡陽戦後に栄養失調や伝染病で死んだので、中隊は米の確保のために衡陽県を離れることができなかった、と回想している。森金千秋『湘桂作戦』によると、湘桂作戦で占領した長沙以南の湖南省と広西省では日本軍の儲備券《ちょびけん》が全然通用しなかったので、第一一軍・第二〇軍の三〇万人の将兵は全占領期間を通じて給金もなく糧食その他もない盗賊集団とならざるを得なかったという。

衡陽戦後に次の占領地となった桂林でも、住民の被害は大きかった。「広西年鑑」によると、桂林の人口は日本軍の進軍前は三一万人であったが、一九四五年一二月時点では一四万人となっている。唐凌らの研究では、日本軍の進軍直前の桂林の人口は五〇万人から六〇万人になっていたという。増大した人口の大部分は湘桂鉄道を使って到着した難民であった。なお桂林市が一九四五年一〇月に行った調査によると、日中全面戦争期の桂林の戦死者は九九三二人、伝染病の死者一万六八二三人、重傷者一万二一三七人、重軽傷者三万四〇〇〇人、看病者六万六〇〇〇人、失踪者二七〇〇人であった。

桂林・貴陽の動向

楠原俊代によると、長沙臨時大学の湘黔滇《しょうけんてん》旅行団員として湖南省から貴州省を通り昆明まで移動した銭能欣は、貴陽の状況について「抗戦が始まって以来、戦区から避難してきた他郷の人々の数が増え、最近の統計では、市の全人口は二万二七六九戸、一二万七二三〇人」となったと記している（『日中戦争期における中国知識人研究』）。長沙臨時大学とは、盧溝橋事件後に北京大学・精華大学・南開大学の三校が戦火を逃れて、長沙に一九三七年一〇月につくった大学である。だが一九三八年二月にはさらに昆明に移転することになった。銭能欣はその旅行の途上貴陽に立ち寄り、昆明を目指した。

貴陽への空襲は激しかった。その様子をリリー・アベッグは『重慶』で淡々と記している。

西方奥地の諸都市は、避難民のためににわかに膨張し繁栄せんとしたが、日本軍の絶えざる空襲によって壊滅した。たとえば貴州省の首府貴陽は、日本軍占領地域より避難し来たった銀行家、事業家、商人等によって、重要な交通の中枢となった。そして、戦前八万を数えていた住民は、一九三九年二月までに倍増した。ところがただ一回、しかも数分間の空襲を受けただけで、商業中心区を含む市の三分の一が壊滅に帰した。他の多くの都市も同様の運命をたどった。たとえば嘉定の如き、すでに国民呉江大学及び重要な施設が移っていたが、一九三九年八月に行われた僅か数分間の空襲で、その中心地区は破壊されてしまった。同様に宜昌、万県その他の都市も破壊された。

日本軍の第三師団と第一三師団は、一九四四年一一月に貴州南部の茘波《れいは》や南丹を占領した。楠原によると、この時貴陽も危険になったので一一月末に政府は貴陽の各機関学校に緊急強制疎開令を出した。貴陽に移転していた大夏大学も、貴州省西北境の赤水に疎開することになった。日本軍は一九四五年二月に独山・八寨《はっさい》まで歩を進めたが、結局貴陽までは侵入できなかった。

行き詰まった軍事作戦

大陸打通作戦後半の湘桂作戦は、岳陽から長沙を経て衡陽に至る鉄道を確保し、中国軍と米軍が使っている航空基地を占拠することを目ざしていた。だが食糧は現地調達であり、住民のそれをあてにせざるを得なかった。藤原彰の回想によると、彼の大隊は武漢から通城を経由する通路を確保するための道路修築作業に従事したが「徴発の結果はゼロだった」という。この地域はたびたび戦場となっているうえに、戦争慣れした第三師団と第一三師団が荒らしたあとだったので、食べられるものなど何一つ残っていなかったという。そのため多数の栄養失調患者を出した。七月に入って劉陽《りゅうよう》まで中隊単独で行軍したが、人っ子一人会わなかった。その後豊陵に行ったが、敵にも遭わず、住民にもまったく会わなかった。これらの地域一帯の住民はすべて難民となっていたからである。

たしかにこの時期の戦闘詳報は、ほとんどの住民が難民化したことを裏付けている。一九四四年五月一五日付の独立野戦重砲兵第一五連隊第二大隊によると、湖南省長沙県湘江両岸の住民はほとんど逃亡していたという。長沙城内には難民が若干残っていたが、敵意はないようだったと記している。一一月一三日付の鉄道第一五連隊の報告によると、長沙県廟門前の村落の住家は水田に沿って散在していたが、人影は認められなかったという。河南省北部の済源《さいげん》では、第三期済源作戦後に日本軍が駐留していた。一一月一五日付の歩兵第八八旅団司令部の戦闘詳報によると、周辺は焼け野原になり、残留しているのは少数の婦女子のみだったという。いずれの場合も住民のほとんどは難民化していた。

先に触れたように、大陸打通作戦には五〇万人が動員され、その三分の一は第二期湘桂作戦以降に動員された補充兵であった。浙贛作戦などと同様、兵士の食糧は乏しく、現地住民に多大の犠牲をもたらした。日中戦争の全期間を通じ最も多くの難民が居住地を離れることを余儀なくされた地域である。この最大規模の作戦は、展望のない重慶作戦を求める作戦軍と参謀本部第一部の合作により着手され、それを東条首相兼陸相が本土空襲を遅らせることを大義名分として支援することにより実施された。しかしその作戦の終末期になると米軍は中国大陸にある航空基地を利用することなく日本本土空襲を実施することになる。

難民問題の波紋

村落をめぐる攻防

村落燼滅作戦

住民や難民をめぐる状況は、一九四〇年代に入るとより困難を増していた。日本軍によって、いわゆる村落燼滅《じんめつ》作戦が発動されたからである。軍事作戦として住民の住む家が焼かれ、難民がさらに増加した。その転換点は、一九四〇年八月二〇日に始まる華北南部を中心とする中国軍の大規模な奇襲作戦である百団《ひゃくだん》大戦（中国側呼称）であった。この戦闘で、日本が掌握する交通線が大きな打撃を受けた。井《せい》陘《けい》炭鉱等の鉱山施設も壊滅的な被害を被った。そこで日本軍は「軍の威信保持」のため八路軍の壊滅を目標として、八月末から一二月にかけて晋中《しんちゅう》作戦を発動した。晋とは山西省のことで、その中部での作戦である。松野誠也「日本軍の資料からみた山西省における化学戦」によると、第一軍はこの作戦において敵根拠地の燼滅を掲げ、敵性があると認められる住民のうち一五歳から六〇歳までの男子を殺戮し、敵性村落を焼却破壊するよう指導した。「あか弾」などの毒ガスを使用しつつ、主要村落の焼却・燼滅を実施した。たしかに独立混成第四旅団の戦闘詳報によると、八月二九日付の片山少将「討伐隊に与ふる注意」のなかで、「敵性顕著にして敵根拠地たること明瞭なる部落は要すれば焼棄するも亦《また》やむを止むを得ざるべし」と述べて、村落の焼却を認める指示が出されている。

日本軍は一九四〇年の晋中作戦で住民の殺戮や村落の燼滅を直接の目標とすることに踏み切った。ゲリラ的に活動する敵をなかなか捕捉できなかったこと、百団大戦が中国軍の大きな勝利だったとする宣伝がひろがったこともあり、作戦の目に見える実績を求めてのことであった。だが住民に敵性があるかどうかは作戦を実行する現地軍の判断にゆだねられていた。敵性村落も同様であった。こうした作戦に対する住民側の対処策は限られていた。闘いが始まることが察知されると素早く村外に避難していた人々は、今度は一歩踏み込んで八路軍側に協力しつつ防衛策を講じるか、自ら武器をとって日本軍に対抗せざるを得ないと判断する傾向が生まれた。

八路軍の反撃

日本軍の治安作戦に対して劣勢を強いられた八路軍は、正面での戦闘をできるだけ避け戦力を温存する方針を維持した。住民への働きかけを強め、八路軍への協力を呼びかけ、正規軍を支える民兵への参加を求めた。民兵には、軍に準じた組織で機動的に活動する部隊がある一方、村の自衛のために青年先鋒隊や遊撃隊が組織される場合もあった。

南京の重光《しげみつ》葵《まもる》大使から東郷茂徳《とうごうしげのり》外相への一九四二年五月の報告によると、百団大戦後二年間の日本の作戦展開にもかかわらず八路軍の戦力は低下せず、正規軍二五万人、民兵二〇〇万人内外が維持されていると推定していた。河北・河南・山東の各省の中共側県政府は一九三八年には一八だったが、一九四〇年末には三三四、一九四一年末には四七〇となった。日本側の影響下にある県政府は三三九で、中共側の方が上回っている。その原因としてあげられているのは、自然災害の多発とともに、戦争によって家屋が破壊され「流民が多数排出」したことにあるとされた。また北支那駐屯軍が河北省中部で共産軍の討伐を行っているが、中共側は「四道八道の地下坑道を構築」しているので敵の捕捉は困難で、ほとんど大部分が逃亡してしまい打撃を与えることができない、とのことであった。同報告は、多数の難民が生まれて民兵が強化され、中共側の行政支配の範囲が拡大したこと、住民の協力により平野部でも地下坑道が張りめぐらされつつあることを指摘した。華北においてハ路軍と中国共産党の影響力が格段に強化されつつあることを日本の外務省も認識していたことになる。

住民の反発

一九四二年五月から数か月にわたり、北支那方面軍は冀中《きちゅう》作戦と晋冀豫《しんきよ》辺区粛正作戦を実施したが、これらは多数の住民を巻き込んだ戦闘として一画期となった。冀とは河北省のことである。一九四二年五月二七日から二八日にかけて河北省北坦村《ほくたんそん》の地下道に避難していた中国軍と住民に毒ガスで攻撃した北坦村事件については、石切山英彰が『日本軍毒ガス作戦の村』で詳細に検討している。この事件をきっかけにして、中国側が住民避難用と戦闘用の地下道を別々にしたり、村と村をつなぐ地下道を拡げていくなどにより網の目のような地下道を作り上げていったことを明らかにした。

冀中作戦には北坦村事件を起こした第一一〇師団のほか、第二六師団、第四一師団などが加わっていた。深沢に近い村の作戦を担当した歩兵一一〇連隊と一三連隊は、さらに五月一日からの同地域一帯の掃討作戦を担当した。戦闘詳報によると、まず五月一日に流駝《りゅうだ》庄《しょう》で一二〇人の「土民混合」の敵を「撃破」した。二日の第二次作戦では安平北方六キロの新営付近から行動を起こし、西宋村と東宋村を掃討《そうとう》した。四日には沿道村落を掃討しつつ進み深沢付近に集結した。これらの地域にはほとんど全部で地下道が造られていた。地下道は三か村にわたり七キロから八キロ連接されていたので敵を捕捉するのは極めて困難だったと記されている。住民は日本軍の進攻前にほとんど避難していて、抗日意識が極めて旺盛だったという。ただ滹沱《じょくだ》河北岸の村落では、村民が逐次帰来した。日本軍は五月一一日には村落を掃討しつつ進み東河担南方地区で「土民混合」の三、四〇〇人の敵を攻撃した。鉄子鎮でも「土民混合」の三、四〇の敵を攻撃した。東河担付近の戦闘経過要図には、飛行機の通報では敵は二〇〇〇人とされた。実際には数千の住民が混入していて、合計四五〇〇人が逃走していると記している。戦闘詳報では、その四五〇〇人はすべて敵と認識されていた。攻撃してくる兵員のほとんどは便衣《べんい》化して普段着になっているので、住民との識別ができないとのことであった。住民は半農半兵で、青壮年男子はもちろん婦女子にいたるまで武装団体・抗日団体であるとも記されていた。

第一六三連隊第三大隊は五月二七日以降に西張《せいちょう》付近に進出したが、村民はすべて逃走していた。作戦後帰来民が激増し治安も向上したが、「民衆の大半は旗色不鮮明なる態度」であったという。

無住地区の設置

村落を焼き払うなどにより無住地区をつくる作戦も、一九四二年以降本格化した。この「無人区」化戦略・政策について初めて本格的にとりあげたのは姫田光義・陳平『もうひとつの三光作戦』（青木書店、一九八九年）である。河北省東部の治安悪化に悩む北支那方面軍が、八路軍と住民の接点をなくすために「無人区」の帯をつくっていった。居住していた村落から強制的に追い出された住民は、「集団部落」に隔離され、日本軍などが監視するなかで農作業に従事した。彼らはいわば強制隔離難民であった。その推移は先の著書に詳細に示されている。

ここでは中国側の資料に紹介されているいくつかの事例を見よう。第一は、河北省と山西省の省境にある娘子関《じょうしかん》一帯に一五里の封鎖溝がつくられた例である。中央档案館他編『華北治安強化運動』によると、三五の堡塁《ほうるい》が二、三里ごとにあり、傀儡軍の看守が各堡塁ごとに一〇人余ずつ配置された。この封鎖溝の五、六里外側に無人区が造られた。五〇村の村が焼き払われ、焦土となった。七つの駐在所がつくられ、保甲《ほこう》制を敷いて治安維持にあたった。遊撃隊がこの封鎖溝地帯に打撃を与えていた。

つぎに「晋察冀《しんさつき》日報」一九四二年二月一〇日付によると、日本軍の第五次治安強化運動後に唐山市の二道に治安溝が造られた。幅と深さは一丈五尺（約五メートル）であった。一〇万人の住民を動員し、毎日罵声を浴びせて作業を督促した。治安溝の外にある唐山周辺一〇里以内の村をすべて焼き払い、無住地区を造成した。住民は家を失ってさすらっており、彼らが嘆く様子は見るにしのびない、と報道された。

『戦史叢書　北支の治安戦〈二〉』に収められている「歩兵第二連隊史」には、一九四二年一一月までに玉田《ぎょくでん》・遵化《じゅんか》・興隆《こうりゅう》・豊潤《ほうじゅん》の各県の治安困難地域に無人部落をつくったこと、万里の長城に沿って幅四キロの無住地帯をつくったこと、そこには七六部落が含まれていたこと、遮断壕は二四五キロであったことなどが記録されている。玉田県は一九三八年七月に起こった大規模な冀東《きとう》民衆暴動の発生地であった。武力を使って立ち退きを強制したので、住民怨嗟の的となったとの鈴木啓久少将の回想も記されている。

また北支那特別警備隊高級参謀の大森三彦大佐の回想では、遮断壕をつくるために住民に労働力を提供させ、耕地を破壊させるなどしたことが彼らの離反の大きな要因になったという。

この無住地帯設置方針は、河北省だけではなく例えば河南省西部の戡定作戦でも採用された。第一一〇師団は一九四四年七月からの作戦の際に、占領地の確保のために第一線陣地前に無住地帯を設定し、交通遮断のための壕や壁、断崖等を設けるとしている。

このように一九四〇年八月からの村落燼滅作戦や一九四二年以降の無住地区の設置などは、敵の軍隊ではなく村落や地域住民を直接の対象とした作戦であった点で、それまでとは一線を画する。中国はそれらを含め三光《さんこう》作戦と呼んだ。三光とは中国語で焼光（焼き尽くす）、殺光（殺し尽くす）、搶光（奪い尽くす）を意味した。日本軍が実施した殲滅作戦や掃討作戦、さらには治安作戦の過程で起こった住民被害・家屋破壊・食糧収奪などの甚大な被害を象徴する言葉として用いられた。

日本でも姫田光義他『もうひとつの三光作戦』、笠原十九司『南京事件と三光作戦』、小野寺利孝他『中国河北省における三光作戦』など、三光作戦という用語が使われるようになった。

北支那特別警備隊と民兵

住民の「二重性格」化

村落を直接の対象とした作戦の実施は、住民の日本軍への怨嗟を募らせた。日本軍が支配する治安地区においてさえ、住民は日本軍に反発し八路軍への親近感を高めた。ただ表だっては日本軍の弾圧を恐れ、そうした反発を隠すという行動を採るようになった。住民のそのような態度に接した日本軍は、住民が「二重性格」化したと認識するようになった。

この時期の住民や難民の状況について記載した資料はほとんどないので、北支那特別警備隊（以下北特警と略す）の戦闘詳報にある一般住民の動向の記載からその特徴を探ることにしよう。北特警が発足したのは一九四三年九月である。八路軍の活動が活発化するのに対抗するため、北支憲兵隊の要員を主軸に五つの警備大隊が編成された。ゲリラ的な活動を掌握するために情報収集の任務が課せられたので、政治や軍事方面の動向とともに「民心の動向」を探ることが必要とされた。したがって北特警の戦闘詳報には、住民の動向が具体的に記されていることが多いので、以下に整理しておこう。

河北省の北特警

まず河北省北部である。「満州国」に接する同地域は、一九三九年八月の北支那派遣軍の報告では最も治安が行き届き、住民も避難しないで暮らしている場所であった。だが豊潤周辺を担当する第三警備大隊第五中隊の戦闘詳報によると、中共は一九四三年七月に中共冀熱辺特別区党委員会を発足させ、広範な改革を進めたので地方郷政の実権掌握が進み、その影響は平原地域まで拡がった。郷村公所の襲撃や保甲長その他有力者の捕殺等の事例も散発したという。そのため住民は中共側に協力する態度をはっきりさせたわけではないが、日本側に距離を置くという「二重的性格」を持つものに変わった。戦闘詳報は、それを「民衆が自己保衛の表現たるがごとき状況なり」と記している。権力関係の変化の状況を察知し、態度を変化させたのである。

第三警備大隊第四中隊は無住地区を設定した玉田県が担当地域であったが、県民の過半数は「二重性格化」していたと報告している。

遷安《せんあん》県城地域を担当する第三警備大隊第二中隊の戦闘詳報によると、県城周辺の住民は日本軍に協力的であるが、そこからわずか二キロほど離れたところは中共側の影響力下にある。日本軍がこれらの村落に進軍すると住民は「空室清野」（住宅を空にして焦土とする）を実施しつつ避難した。県政府・合作社・新民会の活動は中止状態となったという。

第三警備大隊第三中隊は遵化県城に大隊本部を置いていた。周辺村落では、郷保長が「二重性格化」し、村民全員を動員した強固な秘密民衆組織を形成していたという。住民すべてが「敵民衆組織内にあると同様の様相を呈し」ていると憂えた。

次は河北省中部である。冀中には北支那特別警備隊司令部があった。その第一期作戦戦闘詳報によると、傀儡政権の政治力が弱く住民は「生活の困難にともない両面性濃化」したので、日本側の治安圏が徐々に縮小しているとの認識を持った。担任地である安国・安平・深沢・定県の県境地域は中共冀中区の根拠地であり、住民は日本軍に非協力的で、県城や日本軍駐屯地周辺以外の地域は中共軍の影響力下にある。日本軍が行動すると、住民の大部分は避難してしまったという。

同様の報告は、一九四四年五月以降この地域を担当した第四警備大隊の第一期作戦戦闘詳報にも示されている。深沢・安平・安国・饒陽《じょうよう》・伝野県境の村落は中共軍の根拠地となっているので、住民は日本軍にはまったく協力しない、と。

河北省西部では一九四三年の秋に冀西《きせい》作戦が実施された。作戦地は急峻な山岳地帯が多く地雷網が密集していた。中共軍の影響下にあるこの地域では、住民は日本軍が来る前にほとんど全部山奥深くに避難した。斜面にある洞穴のなかに、わずかの老幼婦女子が散見されたのみであったという。

次は河北省南部である。河北省冀南道から河南省にかけては水害と蝗害《こうがい》が発生して農作物が大きな被害を受けていた。この地域は以前から日本の占領地支配が届きにくい地域であった。一号作戦の通過地を中心に住民の多くが難民化した所でもある。一九四四年六月からの北支那特別警備隊司令部の第二期作戦戦闘詳報によると、傀儡政権の政策が届かず、共産党軍が大兵力を運用したので地方行政機関が機能しない状況となっていた。

山西省の北特警

山西省の住民は、この時期どう行動したのだろうか。やはり北特警の資料によって、その動向を探ることにしよう。

第六警備隊第三大隊の一九四四年六月一〇日から八月三一日までの平遙《へいよう》地区戦闘詳報によると、平遥、介休《かいきゅう》、霊石《れいせき》県各周辺地区や同蒲線周辺地区には多数の武装団体や共産軍がいて、住民は県城や日本軍の駐屯する地域以外の大部分で「敵側の随従あるいは両面工作を余儀なくされている」とのことであった。七、八月中に七四件の鉄道、通信の破壊があり、これらは住民の武装集団によってなされたものだったという。

一九四四年七月から八月にかけて山西省太谷県周辺地区延安系（あるいは蔣系）剔抉《てっけつ》作戦を実施した第六警備大隊第一中隊の戦闘詳報によると、太谷《たいこく》周辺地区（太原《たいげん》市、陽曲、太谷、楡次《ゆじ》、祁《き》県、徐溝《じょこう》、清源、晋泉《しんせん》各県）の住民は、表面的には親日を装っているが、裏面は排他的である。傀儡政権の職員は「無能力化」され、住民の「二重性格」が顕著であった。

山東省・河南省の北特警

山東省では済南や青島に北支那特別警備隊が配置されていた。一九四四年六月から一九四五年一月までの第七警備大隊の第二期作戦戦闘詳報によると、済南地域では未治安地区はもちろん治安地区でも住民の日本軍や傀儡政府への依存心が漸次希薄化する傾向があった。

青島市や膠済《こうさい》線周辺では一九四四年七月以降敵の秘密戦活動を砕くための作戦が実施された。未治安地区では住民が中共軍の民兵応募・徴税・徴糧・交通壕構築等に積極的に協力しており、准治安地区の住民も諸物資の不足や物価の高騰により大きな不安と動揺に陥っているとしている。第八特別偵諜隊の戦闘詳報によると、一九四四年八月以降共産党軍の膠東《こうとう》軍区の東海・西海・南海・北海等の各分区では民兵の武装化がくわだてられていた。彼らは軍需物資の補給を青島市内に求め、火薬原料・薬品・医療器具等を根拠地に補給するとともに、華中への補給路線を確保しつつあった。青島市の住民は表面平静を装っているが、裏面の動向は良好ではない。対日感情は悪化し、中共側に同情し援助する傾向があり、目下「両面的心理」を抱きつつ保身に努めていた。

河南省東部を担当していたのは八警備大隊第二中隊である、一九四四年七月以降の豫東地区作戦戦闘詳報によると、一号作戦後隴海《ろうかい》・新開鉄道以北の地域では国民政府の影響力が低下し、共産党の勢力が伸張しているとのことであった。鉄道以南の地域ではなお国民政府の影響が残っていて、共産党には好意的ではないという。ただそれでも住民の大部分を占める農民は、各県城や県城周辺を除いてほとんど「両面性を有」しているとされた。

民兵

村民が「二重性格」化する状況の下で、八路軍による民兵訓練が活発化した。日本軍の歩兵第二二二連隊が一九四三年六月に入手した情報によると、非治安地区にある「偽第二区々公所」では五月から一か月間四〇人により民兵訓練が実施された。武工隊と名付けられたこの組織には小銃三〇、軽機関銃一、手榴弾各人三個が装備されていた。村々をつなぐ有線電話もあった。湧泉鎮《ゆうせんちん》では利民合作社が開設され、綿花・布・雑穀・雑貨類が流通して、「村内は非常に賑やかな状態を呈し」ていたという。民兵に守られた村落が各地に生まれていた。

共産党の影響下にある地方組織の武西県政府は、山曲村に近隣村長を集め村長会議を開いた。そこでは傀儡政権側の新兵募集には絶対応じず、各村とも民兵を増強し、遊撃隊を積極的に援助することを申し合わせた。河北省方面から来た平漢遊撃隊は、住民に日本側の交通線を破壊するよう命じた。また敵に事物を接取されない措置をとり、家中の糧秣を山間部の洞窟に秘匿することを求めた。鉄道や自動車道を破壊し、経済を攪乱することも各村長に求めた。

日本軍の甲集団参謀部は一九四四年年四月に「剿共指針《そうきょう》」をまとめた。甲は北支那方面軍のことである。指針には日本軍の支配地域を含めて重大な変化が起こったと記されている。治安地区でも準治安地区でも戦争の負担によって農業生産が低下し農民は飢餓線上にある。住民は自暴自棄となり、土匪化・暴民化の傾向が顕著になりつつある。せっかく取り戻した治安地区でも、避難していた住民が戻ってきて中共軍の民兵として自衛活動をおこなうようになった。農民蜂起の「パルチザン」的活動が激化しつつある、と強い危機感を示した。繰り返し避難を余儀なくされた住民が、中共軍の影響力の拡大とともにその民兵組織に加わり、日本軍に対抗するようになった。このころになると難民の民兵化も各地で顕在化した。

一九四四年七月一〇日から八月三一日にかけて第六警備大隊第二中隊が実施した山西省平定《へいてい》・壽陽《じゅよう》県周辺地区剔抉《てっけつ》作戦の戦闘詳報は、平定・壽陽県内一帯で八路軍が指導する民兵が日本軍の駐屯地から数キロ離れたところに組織を整えているとし、その具体的特徴について以下の通り詳細に記した。

民心を収攬しあるを巧みに利用し、周密な諜報組織を高度に発揮し、我警備の弱点を捉え、分屯隊の襲撃に、あるいは新政権側に対する反正工作に、または重要資源地区及び輸送路線を脅威乃至は治安地区内民衆に対する欺瞞《ぎまん》宣伝等中共独特の党軍機関一体の活動は執拗かつ活発に敢行せられありて、その謀略的戦術は我が軍をして一般的戦術を以てしては到底期し得ざる状態にあり。……

行動地は延匪の拠点近接しあり、共産主義的思想相当根強きものありて、我軍の進出するや要所の山頂に立哨する民兵等の連絡により、延匪ならびに住民は（住民は我方の駐屯地に近接せる部落民を除き）直ちに付近山中等に分散逃避し、これらの部落は完全に清空空野を徹底しあり。

かつ民兵組織はほとんど完備しありて、昼間は前記の如く山頂に立哨する者、その他信号により夜間は懐中電灯または焚火等の信号により、巧妙に連絡しあり。したがって部落民の捕獲をも容易ならず。行動間においては敵情入手は困難なり。

住民が民兵として組織化され、八路軍と一体となって行動している様子が示されている。『抗日戦争時期的中国人民解放軍』によると、民兵組織は一九四三年以降拡大し、日本軍から多数の兵器を奪取して武装化を進めたという。さらに住民も、民兵が防護するなかで、鋤鍬をとって道路を破壊し、電線を切断して敵側の行動を妨害した。山西省中部や南部の平地には地下道、山間部にはトンネルを掘って敵に気づかれず村々を移動できるようにした。華北一帯の住民や難民の「二重性格」化が結果として八路軍の最も有力な武器となった。

潰えた国共合作案

国民政府行政院統計処編『中華民国統計提要』の一九四五年版により作成した表11によると、一九三八年八月から一九四四年六月までの難民救済人数は三〇〇五万人であった。一九四二年の救済数は二二〇万人余であったが、一九四三年には八八万人余、一九四四年前半期には二四万余人に激減した。一方孫艶魁は振済委員会による別の統計を使って、一九四四年一二月までに救済した難民数を四九〇〇万人だったとし、一九四四年の一年間に一九〇〇万人の難民が救済されたと推定している。大陸打通作戦が実施された一九四四年に最も多くの難民が生まれたので、孫の引用も難民数が一気に増大したことを示してはいるのだろう。

他方、難民収容所からの報告をとりまとめたさきの表11から読み取れるのは、一九四三

表11　難民収容所救済人数の推移

	救済人数	職業紹介人数	移墾人数
1938年８月～1939年	21,805,790	7,472	74,211
1940年	3,842,232	1,657	43,709
1941年	1,074,220	13,274	
1942年	2,208,458	11,994	
1943年	882,846	10,876	
1944年１月～６月	243,704	3,621	
計	30,057,250	48,894	117,920

注１　『難民救済』(国民政府主計処統計局『三十四年輯中華民国統計提要』所収)
２　難民収容所及び職業紹介機関からの報告を振済委員会統計室が集計.

年から一九四四年にかけて国民政府による難民救済事業が一気に滞ってしまったことである。河南省の難民救済をめぐる国民政府の不手際に米国側が強い懸念を持ったことは先に検討した。一九四四年初頭から国民政府の有力な穀倉地帯である湖南省や広西省などに日本軍が侵攻したため、国民政府軍は後退を余儀なくされた。それに対し前節で見たように、華北では共産党が住民の支持を増やしつつ民兵組織を拡大し、その基盤を固めつつあるという対比的な出来事が起こった。

中国大陸におけるこうした新たな状況に直面して、米国は日中戦争終結に向けてのシナリオをどのように描いたのだろうか。日中戦争が枢軸国と連合国による世界戦争の一環に組み込まれている状況の下では、日米戦争を戦う当事国の動向が戦争終結のカギとなる。以下米国の対中方針の推移を追うことにしよう。

大陸打通作戦末期の桂林《けいりん》作戦の時期が焦点となる。桂林は、米国の中国・ビルマ・インド軍事指揮官スティルウェルにとって「東部中国における最大のアメリカ軍事センター」と位置づけられる最重要拠点であった（スティルウェル『中国日記』）。桂林飛行場は日本軍に対する制空権を維持するために大きな役割を果たしていた。

スティルウェルは桂林陥落直前の一九四四年九月一四日に飛行機で桂林に行き、江西の第四戦区長官である張発奎《ちょうはっけい》に桂林防備について質問した。張は第九三軍の二個師団でないと桂林を守れないが、どこにいるかわからないと答えた。スティルウェルは直ちにすべての米軍の基地装備を桂林から脱出させ飛行場を破壊する命令を発して重慶に飛んだ。九月一五日、蔣介石は重慶でスティルウェルとハーレー米国大統領特使（九月六日に重慶に赴任し、一一月末に駐中国大使に就任）に会い、焦点となっている桂林ではなくビルマ戦線の建て直しを主張した。スティルウェルは直ちにローズベルト大統領に、蔣介石の指揮の不全によって桂林・柳州が危機に陥っているのにそれを放置することは許されないと具申した。スティルウェルにとっては、大陸打通作戦により華南一帯が日本軍に占領されつつあるのは、すべて蔣介石の責任であり、彼の軍事指揮権を自分の下に統一することが戦線立て直しの唯一の解決策なのであった。なぜなら武器援助法によるアメリカの援助を汚職にまみれた蔣介石政権は有効に活用しなかったので「軍隊は飢え、兵士は病気にかかり死んでいった」と認識していたからである。スティルウェルは、個々の戦場で日本軍に勝利することを唯一の目標としていた。したがって彼は、国民政府軍の軍事力に大きな不安がある以上国民政府は共産党との合作によって抗日戦線を強化せざるを得ない、と認識した。

米国大統領府も、大陸打通作戦の開始にともない国民政府の軍事指導への信頼を低下させ、にわかに国民政府と共産党との合作案を模索していた。そのため六月にウォーレス副大統領が訪中し蔣介石と会談した。山際晃『米中関係の歴史的展開』によると、ウォーレスはこの時、中共軍にも武器を援助する提案をして重慶政権に参加するよう求めるので蔣介石も国民党と共産党の合作に同意するよう提案した。この方針は、戦争終結時まで米軍を中国大陸に上陸させることができないだろうという見通しのもとに立てられていた。戦後一定の時期までは合作によって国民政府を維持し、その間に蔣介石への支援を強化するというのが、この時点での米大統領府の判断であった。米国指導者の間には、抗日戦を戦う中国共産党への評価が高まる一方で、日本軍の大陸打通作戦に対して後退を繰り返す国民政府の施策への不信が渦巻いていた。このまま蔣介石の政権を放置しておくと、共産党に足をすくわれかねないという懸念が高まっていた。

スティルウェルはローズベルト大統領に、この際国民政府軍と共産党軍を含む全軍隊の指揮権を彼の合同司令部に委ねることが戦局転換の唯一の方策であると強く要請した。それに対し蔣介石は、スティルウェルの軍事指揮権統一要求に強く反発し、翌日ハーレー駐華大使を通してローズベルト大統領にスティルウェルの解任を要求するに至った。

ローズベルトは、中国戦線が抱える大きな問題を解決する必要は認めたものの、それまで進められてきた連合国の米英ソ中首脳による戦争指導の枠組みを崩すかもしれないスティルウェルの提案を支持することはできなかった。その枠組みとは枢軸国に対する連合国の協調体制であったが、同時に民主主義と植民地支配からの解放を求めた大西洋憲章に基づいていた。ローズベルトは、その枠組みの維持を最優先し、スティルウェルではなく蔣介石の提案を支持した。一〇月一九日のスティルウェルの日記には、「首がとんだ。……ウェデマイヤーが在華アメリカ軍を指揮」とある。

スティルウェルの解任は、それまで進められてきたさまざまのレベルの国共合作の試みが最終的に頓挫したことを示している。彼は、日本軍の攻撃に有効に抗戦できない原因を国民党と共産党の対立に求め、とくに国民党の民衆統治能力に不信を抱いていた。華北沿岸に米軍が上陸するためには共産党政権と協力する必要があるとも考えていた。ハーレーも、国共の軍事協力を実現させるために五項目の提案を示して共産党政権と交渉を続けていた。

しかしスティルウェルに替わったウェデマイヤーは、ハーレーの五項目提案に反対し、マーシャル参謀総長にその旨を報告する電報を送ったと『回想録』に記している。新任のウェデマイヤーは、中国共産党と協調しようとするあらゆる動向を嫌悪した。国共合作の実現可能性は消失し、中国大陸をめぐる内戦と冷戦の起点となる転換の一歩が踏み出された。内戦とは一九四六年六月からの国民党と共産党の軍事対立であり、冷戦とは一九四九年一〇月の中華人民共和国の成立にともなう東北アジア政治秩序の再編によって生まれる新たな対立構造を指す。

米軍のシナリオ

米国の対日軍事戦略のかなめは、中国にある航空基地から日本本土への爆撃を本格化させることであった。かねてから米国はソ連に対し、カムチャッカ半島のソ連領に対日戦略爆撃基地を確保することを求めていた。しかしソ連の最高指導者スターリンはそれを認めなかったので、米軍による日本本土爆撃のためには中国大陸の飛行場の使用は不可欠であると認識された。

一九四三年末に開かれた米統合参謀本部の作戦参謀会議は、中国にある飛行場から日本本土への戦略爆撃を一九四四年五月一日から始めること、マリアナの航空基地の日本本土戦略爆撃は同年一二月三一日から実施することを決定した。福田茂夫『第二次大戦の米軍事戦略』によると、中国からの日本本土爆撃は国民政府を支援することにもなり、世界大戦後のアメリカの中国への影響力保持にとっても必要不可欠であると認識されたという。六月一六日の日本本土の九州初空襲の際に使われた発着基地は華南にある柳州《りゅうしゅう》飛行場であった。

ところが日本軍の大陸打通作戦の進展により、柳州飛行場を含む米軍の航空基地、とくに桂林など華南一帯の飛行場が破壊されてしまう。統合参謀本部としては、日本本土爆撃基地の再選定を迫られた訳だが、まさにその時期に南太平洋における米海軍の進攻作戦が一気に進展した。米軍は六月一九日のマリアナ沖海戦で日本の空母や航空機に壊滅的打撃を与えた。続いて七月七日にはサイパン島を陥落させ、二一日にはグアム島、二四日にはテニアン島に上陸し占領した。

米統合参謀本部はそれまで、陸軍側の主張である米海軍がマリアナ沖海戦で日本海軍に打撃を与えた後にマッカーサー軍によるフィリピン上陸作戦を実施するという案を採用するか、キング海軍作戦部長が提案するルソン島を迂回して一気に台湾や沖縄に進攻するか決めかねていた。だが一九四四年三月一二日に開かれた統合参謀本部の会議で、とりあえず六月にルソン島作戦を先行して実施することになった。マリアナ諸島に日本本土爆撃基地を設ける方針もこの時正式決定された。七月にマリアナ諸島を占領してからは、日本本土爆撃基地を中国からマリアナ諸島へと移す措置がとられ、中国の基地は補助的な役割を担うように修正された。つまり第一期湘桂作戦が実施されているさなかに、すでに華南のアメリカ軍が使用していた航空基地は日本本土爆撃基地としては用済みになりつつあった。東条参謀総長が力説した大陸打通作戦の本来の目的は、この時点で失われてしまったのである。マリアナ基地の整備が急ピッチで進められ、一一月二四日には、同基地から発進した七〇機のB二九爆撃機が東京を初めて本格空襲した。

米国にとってのその先の問題は、どのようにして日本を降伏させるかであった。一九四四年六月初めの統合戦争計画委員会の統合幕僚長会議に対する勧告は、日本に無条件降伏を強いるためには国民の戦争意志を挫折させなければならず、そのためには広範な空襲の強化と、産業中心都市への上陸作戦を実行する必要がある、と指摘した。マッカーサー軍のルソン島作戦が統合参謀本部で承認されたのは、一九四四年一〇月三日である。二〇日に米軍のレイテ島上陸作戦が始まった。二四日には米海軍はレイテ沖海戦で日本の連合艦隊に修復困難な打撃を与えた。

その間も、中国沿岸での作戦活動の可能性について、しばしば統合参謀本部の会議で議論された。というのは日本本土上陸作戦までの間、太平洋地域の兵力をどこに展開させるかについての判断がつきかねたからである。統合参謀本部では、その段階でも意見が二つに割れていた。陸軍は、兵力が整い次第直ちに九州への上陸作戦を実施すべきで、その場合ソ連に早期対日参戦を促すべきだとしていた。対する海軍は、まだ予備的な作戦が必要で、海空の封鎖と爆撃とともに、中国本土沿岸地域（舟山群島、寧波、山東半島、朝鮮の各一か所）に航空基地が必要であるとした。

米国立公文書館所蔵のリーヒ文書のなかに重慶駐在のアメリカ軍司令部が一九四五年二月五日に国防省等に送った中国情勢を中心とした戦争終末の見通しを記した文書がある。戦争終末まで六〜八か月あれば十分であること、日本軍はなお中国大陸の多くを軍事支配しているが間もなく国民政府軍の反抗が始まること、ソ連の対日参戦により日本軍は追い詰められること、などが記されている。加えて華北における中共軍の活動へのソ連の影響力拡大に対する強い懸念が示された。華北一帯を中共軍が支配し、ソ連と親交を結ぶことを恐れたのである。すでに国務省は日本の植民地支配下にある朝鮮半島を信託統治とする案を錬っていた。日中戦争終結のシナリオは、極東における米国の戦後戦略に連動し、したがってソ連との調整が求められることになる。朝鮮半島をめぐっても、冷戦と熱戦の端緒が生まれつつあった。冷戦とは一九四五年八月の北緯三八度線の線引きに始まる分断国家の固定化であり、熱戦とは一九五〇年六月の朝鮮戦争の勃発である。

中国本土沿岸地域への進攻作戦を維持しようとしたキング海軍作戦部長は考えを改め、四月三〇日にマーシャル陸軍参謀総長やマッカーサーが提案した九州上陸作戦準備を承認した。この時米軍の中国本土への進攻案は葬られた。同日ヒトラーはベルリンで自殺し、五月七日に枢軸国の中心であるドイツが連合国に無条件降伏した。同じ頃、米国では原爆が使用可能になったのを受けてその投下場所などを決めるための暫定委員会が発足した。ソ連が日ソ中立条約の不延長を日本に通告したのはそれに先立つ四月五日である。日本の無条件降伏に向けての米ソの思惑は、東北アジアにおける戦後体制形成のあり方をめぐる対抗をはらみつつ、ソ連の対日参戦と米国の原爆投下の時期をめぐる駆け引きへと移った。

日本軍のシナリオ

中国では、日本軍による食糧の収奪戦が一九四四年から一九四五年にかけても続けられていた。大陸打通作戦の桂林《けいりん》攻防戦に従軍した独立野戦重砲兵第一五連隊の戦闘詳報の「住民地の状況」には、現地の稲田で刈り入れ精米して米を手に入れたこと、食料は乏しく家畜類は皆無であったことが記されている。一九四四年八月のことである。一一月から一二月にかけての湖南省長沙《ちょうさ》県の作戦では、第一五連隊直轄糧秣急速収集隊が正義軍から攻撃され包囲されたという。

大陸打通作戦のうち第二次湘桂作戦は一〇月一〇日の桂林や柳州侵攻後も続いた。第一一軍の第二二師団と第二三師団は一一月二四日には江西省南寧を占領した。一九四五年二月にかけては第一三師団が独山へ、第三師団は八寨に進出した。また第一〇四師団などは、広東から漢口に向かう粤漢《えつかん》線沿いに北上した。華中や華南一帯における軍事作戦が続くなかで、たとえば湖南省西南部で活動中の自動車第三七連隊第四中隊の行動詳報には、一九四五年三月に王耀武《おうようぶ》が率いる国民政府軍の第四方面軍が難民を使って輸送路を撹乱したり食糧を獲得したりした事例が報告されている。中国軍は米軍式の装備で固められ、また米空軍の空からの爆撃による援護もあった。難民の活動や装備の刷新、米軍の空爆といった、攻守所を変えての闘いになった。四月中旬になって第四中隊に作戦中止の命令が伝わった。

その間支那派遣軍は、依然として重慶作戦に固執していた。一九四四年一一月に畑俊六に替わり支那派遣軍総司令官になった岡村寧次《おかむらやすじ》は、重慶屈服作戦の実施を大本営に具申するために四川作戦等を準備するよう求めた。同時に同作戦を実行しない場合の対米作戦計画案である「東南支那方面作戦計画大綱案要旨」も作成された。だが大本営は支那派遣軍に対して大陸命を発し、もはや新作戦を追求するのではなく華南沿岸に進攻することが予想される米軍を撃破することに集中するよう求めた。

一方北支那方面軍はこの時、米軍が中国大陸に上陸する可能性が高いと判断し、それに対抗するための作戦計画を作成した。ただし北支那方面軍司令部に所属していた人物が戦後になって回想したところでは、この年六月には本土決戦のために兵力と資材を日本本土に輸送し、関東軍に三師団を転用したので、実際に使用可能な兵力は四師団程度の兵力に過ぎなかったという。支那派遣軍はなお国民政府屈服のための新作戦を求めたが、大本営や北支那方面軍は米軍の中国沿岸上陸に備える作戦の準備にこだわった。

沖縄戦が一九四五年四月一日に始まると、日本の大本営は、中国大陸における伸びきった支那派遣軍の兵力を撤収するための立案とその実行に追われることになった。五月二八日にそのための大陸命が発令され、六月初頭に梅津美治郎《うめづよしじろう》参謀総長から岡村支那派遣軍総司令官に対し伝達された。速やかに湖南省・広西省・江西省方面の占拠区域から兵力を撤収して華中・華北方面に送り、合わせて対ソ防衛策を準備するという内容である。武漢から撤退するかどうかが焦点となったが、支那派遣軍が作成した大綱では、状況が悪化しても南京・北京・武漢は確保するとした。同軍にとって、これらの地域を占領したままで日中戦争の終末を迎えることが至上命題であると考えられたからであろう。華中等の沿岸地帯に兵力を集中し、アメリカ軍の上陸を阻止することも作戦方針に含まれていた。米軍の統合参謀本部はすでに四月末に中国への上陸を断念していたのであるが、そうした情報を得ることはできなかったからである。

陸軍参謀本部の面々はどのように日中戦争を終えようとしていたのだろうか。『宮崎周一中将日誌』の一九四五年五月二日付幕僚会報によると、この時期参謀本部ではソ連の和平仲介ルートが話題になっていた。参謀本部第二部長の有末精三《ありすえせいぞう》は、中国共産党を通してソ連を動かすのは困難だと指摘している。他方支那課長の晴気慶胤による共産党の延安情勢報告は、中国民衆のうち「延安に傾く者多し」との観察を紹介しており、前節で見たような華北の住民動向をそれなりに把握していた。そのため国民政府を通して米国と和平工作をするために共産党を利用する案が示されていた。また前年一二月から参謀本部第一部長になっていた宮崎周一は、戦争の終末が「日清戦争前」や「御維新」にまで引き戻される可能性を指摘した。日ソ戦の開戦は「絶体絶命」だと記されている。

日中戦争の終結

　米内光政《よないみつまさ》海相などの海軍中枢部や近衛文麿《このえふみまろ》・木戸幸一《きどこういち》など宮中グループは、一九四五年四月一日に米軍が沖縄本島に上陸した頃から、陸軍の強硬論を排除しつつ終戦工作を加速させていた。その仲介役を務めていた海軍の高木惣《たかぎそう》吉《きち》が四月末に入手した「対重慶問題に関する意見」は、戦後の東アジアにおけるソ連と中国共産党の勢力拡大を防ぐために国民政府に対し日本との和平を実現するよう働きかけるべきだと提案している（『高木惣吉　日記と情報』）。高木のブレーンの一人であった外務省出身で当時大東亜省支那事務局長の杉原荒太が執筆したと推定されるこの意見は、先に触れた米国の戦後東北アジアの冷戦的志向に符合していた。

　折しも四月一二日に米国大統領ローズベルトは病死し、戦後共産圏の封じ込め政策を声明することになるトルーマンが後任大統領に就任していた。日中戦争とアジア太平洋戦争終結の主導権は、日本本土空襲を本格化させ原爆を用意した米国を中心とする連合国の側にあり、それに呼応した日本の国体護持を唯一の目標とする終戦工作グループにあった。

八月九日に開かれた日本の最高戦争指導会議で、国体護持のみを和平条件とする一条件案に対し、外地日本軍隊の武装解除を内地で日本自らが行うなどの四条件案を強く主張した陸軍大臣は、浙贛作戦から第二次長沙作戦を第一一軍司令官として指揮した阿南惟幾《あなみこれちか》であった。対立はその日の深夜まで続く御前会議に持ち越され、最終的に天皇の「聖断」により、一条件案でポツダム宣言を受諾することに決した。戦争終結が国民に知らされた八月一五日の翌日に日本軍の即時停戦命令が出された。支那派遣軍総司令官岡村寧次が南京で中国陸軍総司令官何応欽《かおうきん》に降伏文書を調印・手交したのは九月九日であった。

戦争の拡大と奪われた日常——エピローグ

難民の記録

日本軍の中国大陸における戦面拡大の各局面で厖大な難民が生まれた。数千万人の難民のなかには、天災によって故郷を追われた人々も含まれる。難民数が一番多かった河南省では、一九四二年から四三年にかけて二〇〇万人が餓死等で死亡し、三〇〇万人が難民として他省に流出したという。ただ被害が拡大した大もとは一九三八年の日本軍の進軍を食い止めようとした国民党軍による黄河の決潰であった。これらもやはり日中戦争の一環であった。本書では、河南省難民の動向などを含め、数千万人の戦争難民が生まれた経緯をたどってきた。

プロローグで分類した難民の三つの区分と救済委員会の救済人数は重なるところもあり、異なる部分もある。難民収容所に入った後しばらくして、戦地の後方にある開墾地等に送られる事例もかなりあった。また、救済人数には一時的避難者を含んでいないことがある。それらを総合して難民数を割り出すことは困難である。やはり表1（六頁）で示した九五〇〇万人を指標とし、数千万人が難民化したと把握するしかないだろう。

こうした難民たちが自らの体験を記録として残した例はあまりない。抗日戦争期の回想が多数掲載されている各地域の『文史資料』等に相当あたったが、難民の体験記はほとんど見つからなかった。日本では従軍作家など限られた人々が難民に注目し記録を残した。戦局の推移に沿って難民の動向を知ることができたのは、日本軍の戦闘詳報などに記載されている断片的資料であった。先に触れたように戦闘詳報には「住民地の状況」という項目があり、そこに記されている場合があったからである。記載者の眼が住民に注がれた場合にのみ、その動向が記録された。戦後に出された部隊史でも、事情は同様である。『第百二十連隊史』などでは、ある人のみが住民の状況に着目した回想を寄せていた。その点宣撫班や北支那特別警備隊の記録の場合、職務として住民に接することが多いので、住民や難民をめぐる記述が残されていたのである。それらを多用することで、何とか推移を追うことができた。

戦面拡大の論理

厖大な難民の救済に日本軍や傀儡政権はほとんど対応できなかった。

日本は一九三七年一二月に華北に中華民国臨時政府を作り、一九三八年三月に華中で同維新政府を作り、一九四〇年三月に汪精衛《おうせいえい》による南京国民政府を発足させたが、日本軍と傀儡政権が支配していたのはその後も「点」と「線」、一定の地域の「面」のみであった。したがって一九三八年一〇月の武漢作戦終了後に占領地を維持することさえ大きな困難をともなった。日本政府と軍中央部は国民政府の屈服を見通せないまま、日独伊枢軸関係の強化による国際関係の力関係の変化に期待し、中国大陸での戦面拡大を避けようとした。

ノモンハン事件で手痛い敗北を喫した直後の一九三九年一二月に、陸軍省と参謀本部は中国大陸の日本軍八五万人を五〇万人に減らし、対「ソ」戦用の軍備を整える軍備計画を決定した。この時が膨れ上がった支那派遣軍の兵力削減が提起された唯一の機会であった。

だがその一方で支那派遣軍総軍は一九四〇年一〇月に「対支大持久戦一般方略」を提示した。一九四一年秋までに河北・山東・江蘇《こうそ》の三省で粛正作戦をおこない、さらに一九四二年に安徽《あんき》・河南両省へと戦線を拡大する。一九四四年までに粤漢《えつかん》線西側を占領する。これらの占領地を「永久遮断」して傀儡政権の統治範囲を画定するという案であった。作戦軍は、それが国民政府が屈服しない状況の下で日中戦争の何らかの成果を示す唯一の方策だと認識していた。しかし新たに膨大な予算を必要とする新作戦を政府や軍中央部が採用する余地はなかった。

国民に戦争の長期化による犠牲を強いている日本政府にとって、事態の打開を対外関係の転換に頼ることが最も安易な選択だった。第二次近衛内閣は日独伊同盟を締結し南進政策を採用したため支那派遣軍の意向は潰えた。

こうして一九四一年一二月の日米戦争の勃発を迎えるのだが、それに先立つ日米交渉の最大の争点は日本軍の中国大陸からの撤退であった。第三次近衛内閣や東条内閣が米国の条件を拒否せざるを得なかったのは、それまで中国大陸で積み上げられた軍事作戦の推移を無にすることができないからであった。また陸海軍にとっては、日中戦争遂行の実績として居住地から膨大な難民を追い出してつくりあげた占領地を示すことが政治権力内部における影響力に直結していたからである。

戦略爆撃の陥穽

総力戦は対戦国の国民の戦争意思を喪失させることなしには勝利が見通せない闘いであった。結果として戦闘員や軍事施設ではなく一般国民を標的とした戦略爆撃に重きが置かれるようになった。日中戦争が、他方では航空戦として闘われた所以である。日本軍は上海や南京での爆撃の後、広東で居住地を直接の標的とする空爆を実施した。それにより大量の難民が生まれ、アメリカ人を含む住民の被害が続出した。アメリカ政府がそれに強く反発したことが日米通商航海条約の廃棄につながってしまったことは本書で検証したとおりである。

日本本土空襲への危惧は、日本側の作戦指導をも誤らせてしまった。ドウリットル空襲によって急きょ採用された一九四二年五月からの浙贛《せっかん》作戦は、本土空襲を防ぐために華中の航空基地を攻撃するためのものであった。日中戦争の全期間中最も多い難民を生んだ一九四四年の大陸打通作戦も、東条首相兼陸相にとっては本土空襲を阻止することが目的であった。

それにしても日本軍の空爆を激しく非難したローズベルト米大統領は、ドウリットル空襲を積極的に認めた人物でもあった。大統領が盧溝橋事件が起こったときからの経済制裁論者であったことは、彼の最側近で国務次官だったサムナー・ウエルズの回想（Seven Decisions）に明記されている。彼は日本への本格的な空爆体制を整えることにも尽力した。米軍は一九四四年末から日本本土への大規模な空爆を実施することになる。そして本土空襲段階の東北アジアでは、すでに戦後国際地域秩序のあり方をめぐるせめぎ合いが始まっていた。

難民から見る

何をどのように見るかによって事実の捉え方が大きく異なることがある。日中戦争を国家間戦争の枠組みのみで見ると、人々は往々にして当時の政治指導者の観点に同化した事実を選択しがちである。自衛戦争論が受け入れられる所以である。

難民にとっての日中戦争は、それらとは無縁であった。平和な日常生活が、あるとき突然奪われ、難民化せざるを得ないという事実がすべてであった。

難民に関する資料を探すのが困難だった理由のひとつは、日本側の記録者の多くが、難民が直面している状況にほとんど関心を寄せなかったことにある。その表われとしての治安体制の実態を現実的に判断することができた事例もある。『戦史叢書　北支の治安戦〈二〉』所収の北支那方面軍第一課高級参謀の回想によると、一九四四年秋の北支那方面軍の占領地を県単位で見ると治安良好なのは「三特別市のほか七県（一・四％）」のみで、中共側が優勢なのは一三九県（三一・五％）、中間地区とみなしていた二九五県（六六・九％）の地域住民の民心も中共側に傾むくものが多かったという。

セオドア・ホワイトが河南省大飢饉への感想を記した以下の言葉は日中戦争下の難民をずっと見続けていた人のものであった。

戦争が第一の原因だった。もし日本人が戦争を起こさなかったなら、中国人は、河の流れを変えて敵をくいとめようと黄河の堤防を切ったりはしなかったろう。であれば、華北の生態は変わらなかったであろう。あるいは、食物は、食物が余っている地域から送られてきただろう。

やはり難民にとっては、ある日戦争がやってきたことが自らの人生を大きく変えてしまう唯一の事実であった。

あとがき

北京大学歴史学部で開かれた戦後五〇年シンポジウムの出席がてら、ソウル・昆明・広東などを訪れた。朝鮮総督府の建物を爆破するイベントの前に現物を見ておきたいとソウルに行った。昆明では博物館で音楽隊が加わっての記念展示と集会があった。その場で日本軍の爆撃で下半身を失い上半身を板で支えながら戦後を生き続けた女性に会った。日中戦争における昆明への爆撃を知らなかったことを重く受けとめたことを昨日のように記憶している。その後広東の孫文記念堂で展示会を見たが、日本軍の広東爆撃による被害が大きく取り上げられていた。それ以来喉のどこかに引っかかっていたものが、戦後七五年になってやっと少しとれた思いがする。

目前の課題に追われて回り道をしてしまったが、日中戦争に関連する資料収集は折に触れて進めていた。北京大学のプロジェクトに加わり、アジア太平洋戦争期の日本軍の軍事戦略についての資料集『太平洋戦争時期的対華戦略与謀略』（社会科学文献出版社）を刊行した。主催者の徐勇氏や同じく北京大学の宋成有氏・臧运祜氏などとともに、私の大学院ゼミテンだった唐利国氏、宋芳芳氏も一緒に調査等を進めることが出来た。重慶で「中日戦争抗戦暨大後方史料整理与研究学術研討会」に参加したり、ペスト菌散布の現場である崇山村を調査したりした。この時初めてお会いした細菌戦国家賠償請求訴訟原告団長の王選氏からは関連する中国文献をお送り頂いた。中国各地の档案館や図書館通いにはその都度ゼミテンが協力してくれた。青島では修斌氏、上海では俞慰剛氏、重慶では李俄憲氏、長沙など湖南省・湖北省・江蘇省には陳祥氏が同行してくれた。殷志強氏からは、調査とともに中国の難民関係資料と研究の渉猟に協力してもらった。プロジェクトメンバーの井上久士氏からも資料提供を受けた。

中国社会科学院近代史研究所档案館と図書館の調査では、当時の近代史研究所長の歩平氏、徐志民氏、世界史研究所の張躍斌氏にお世話になった。台湾の国史館や国民党党史館、イギリスとアメリカの国立公文書館、スタンフォード大学フーバー研究所図書館などにも通った。これらは科学研究費「日中全面戦争の展開過程と地域社会変容をめぐる研究」(JSPS24520742)等の調査として実施し、本書はその成果の一部となっている。

本書の考証にいささかでも成果があるとすれば、大学院時代の軍事史研究会等で師の藤原彰氏や、由井正臣氏、粟屋憲太郎氏などから受けた薫陶による。新潟大学の古厩忠夫氏の豊かな問題意識に触発されるとともに、氏の蒐集した中国関係資料を使うことが出来た。これらに深く感謝する。

そもそも吉川弘文館編集部の若山嘉秀氏から執筆のお誘いがなければ本書は生まれなかった。「難民たちの日中戦争」というテーマを示されたときに躊躇したのは、私がそれまでに公表した成果が難民を主語としたものではなかったからである。このテーマで書けるのか不安だった。資料を見直し、中国等における近年の研究を読みながら模索する日々があった。そうした時間を経て、なんとか少しでも難民たちの日中戦争に迫れるかなと感じたのはごく最近のことである。何度か締切を延ばして頂き、その都度的確なご指摘を頂いた若山氏に改めてお礼を申し上げたい。

二〇二〇年七月

芳井研一

参考文献

〈日本語論文・研究書〉

野沢豊「日中戦争のなかの難民問題」（『歴史評論』二六九号、一九七二年）
江口圭一「日中戦争の全面化」（『岩波講座日本歴史・二〇巻・近代七』一九七六年）
塩崎宏明「軍部と南方進出」（『昭和史の軍部と政治3　太平洋戦争前夜』第一法規出版、一九八三年）
波多野澄雄「日本陸軍における戦略決定1937－1945」（同前）
戸部良一「「日支新関係調整方針」の策定」（『軍事史学』二四巻三号、一九八四年）
小浜正子「日中戦争期上海の難民救済問題」（『戦時上海　1937－45年』研文出版、二〇〇五年、所収）
原剛「一号作戦」（『日中戦争の軍事的展開』慶応義塾大学出版会、二〇〇六年、所収）
芳井研一「日中戦争と日米開戦・重慶作戦」（『日本侵華与中国抗戦』社会科学文献出版社、二〇一三年）
同「大陸打通作戦の意義」（『環日本海研究年報』二一号、二〇一四年）
同「南進論と日独伊三国同盟」（『環東アジア地域の歴史と「情報」』（知泉書館、二〇一四年）
同「日中全面戦争期の戦争難民問題」（『環東アジア研究』九号、二〇一五年）
吉田裕「戦局の展開と東条内閣」（『岩波講座日本歴史・一八巻・近現代四』二〇一五年）

芳井研一「日中全面戦争の展開と難民問題」(『年報日本現代史』二二号、二〇一七年)
同「米国の東北アジア戦後秩序構想の波紋」(『環日本海研究年報』二三号、二〇一八年)
ハーバード・ファイス『真珠湾への道』みすず書房、一九五六年
歴史学研究会『太平洋戦争史』第五巻、青木書店、一九七三年
浅田喬二『日本帝国主義下の中国』楽游書房、一九八一年
吉田裕『天皇の軍隊と南京事件』青木書店、一九八六年
前田哲男『戦略爆撃の思想』朝日新聞社、一九八八年
姫田光義他『もうひとつの三光作戦』青木書店、一九八九年
笠原十九司『南京難民区の百日』岩波書店、一九九五年
紀学仁『日本軍の化学戦』大月書店、一九九六年
山際晃『米中関係の歴史的展開』研文選書、一九九七年
楠原俊代『日中戦争期における中国知識人研究』研文出版、一九九七年
笠原十九司『南京事件と三光作戦』大月書店、一九九九年
粟屋憲太郎編『中国山西省における日本軍の毒ガス戦』大月書店、二〇〇二年
石切山英彰『日本軍毒ガス作戦の村』高文研、二〇〇三年
小野寺利孝他『中国河北省における三光作戦』大月書店、二〇〇三年
藤原彰『天皇の軍隊と日中戦争』大月書店、二〇〇六年
荒井信一他『重慶爆撃とは何だったのか』高文研、二〇〇九年

石島紀之『中国民衆にとっての日中戦争』研文出版、二〇一四年
笠原十九司『海軍の日中戦争』平凡社、二〇一五年
笠原十九司『日中戦争全史』上下巻、高文研、二〇一七年

〈日本語文献〉

『支那経済年報（Ⅰ）』白揚社、一九三八年
『武漢三鎮陥落後戦争はどうなるか』亜細亜出版社、一九三八年
浅野晃『時代と運命』白水社、一九三八年
満鉄調査部支那抗戦力調査委員会『奥地経済篇Ⅰ』一九四〇年
刈屋久太郎『支那農村経済の新動向』生活社、一九四〇年
興亜院政務部『上海国際救済会年報』一九四〇年
リリー・アベッグ『重慶』清水書房、一九四一年
井口静波『死闘バルシヤガル』青磁社、一九四二年
藤田嗣治『地を泳ぐ：随筆集』書物展望社、一九四二年
藤田実彦『髯はほゝ笑む』鶴書房、一九四二年
阿部源一『支那戦場の経済と心理』巖松堂、一九四二年
東亜研究所『支那占領地経済の発展』一九四三年
増田米治『重慶政府戦時経済政策史』ダイヤモンド社、一九四三年

大東亜省総務局総務課『支那の食糧問題』一九四四年
ジョセフ・グルー『滞日十年』上下、毎日新聞社、一九四八年
郭沫若『抗日戦回想録』中央公論社、一九五九年
堀場一雄『支那事変戦争指導史』時事通信社、一九六二年
『太平洋戦争秘史』毎日新聞社、一九六五年
スティルウェル『中国日記』みすず書房、一九六六年
『ウェデマイヤー回想録』読売新聞社、一九六七年
防衛庁防衛研修所戦史室編『戦史叢書』朝雲新聞社
　『支那事変陸軍作戦〈二〉』一九六七年、『一号作戦〈一〉河南の会戦』一九六七年、『一号作戦〈二〉湖南の会戦』一九六八年、『北支の治安戦〈二〉』一九七一年、『昭和十七、八年の支那派遣軍』一九七二年、『大本営陸軍部〈七〉』一九七三年、など
石川達三『武漢作戦』文春文庫、一九七六年
『尾崎秀実著作集』第三巻、勁草書房、一九七六年
魚住孝義『ある患者収容隊員の死』春風堂、一九七七年
セオドア・ホワイト『歴史の探求』上巻、サイマル出版会、一九八一年
森金千秋『湘桂作戦』図書出版社、一九八一年
鹿地亘『回想記「抗日戦争」のなかで』新日本出版社、一九八二年
秦保民『孤城衡陽血戦記』昭文堂、一九八五年

星野博『衡陽最前線』叢文社、一九八六年
佐々木春隆『華中作戦』図書出版社、一九八七年
藤原彰『中国戦線従軍記』大月書店、二〇〇二年
劉震雲『温故一九四二』中国書店、二〇〇六年

〈日本語資料〉

「大本営陸軍参謀部第二課（第一班）機密作戦日記」（『変動期の日本外交と軍事』原書房、一九八七年）
『続現代史資料4　畑俊六日誌』みすず書房、一九八三年
『昭和社会経済史料集成』第六巻、大東文化大学東洋研究所、一九八四年
『華中宣撫工作資料』不二出版、一九八九年
『日中戦争従軍日誌』法律文化社、一九八九年
『南京事件資料集②』青木書店、一九九二年
『参謀本部臨参命・臨命総集成』第九巻、エムティ出版、一九九四年
『大本営陸軍部戦争指導班　機密戦争日誌』上巻、錦正社、一九九八年
『高木惣吉　日記と情報』みすず書房、二〇〇〇年
『大本営陸軍部作戦部長　宮崎周一中将日誌』錦正社、二〇〇三年
「NHK戦争証言アーカイブス」（http://www.nhk.or.jp/shogenarchives/）：「証言記録　兵士たちの戦争」など

外務省編『日本外交文書：日中戦争』全四冊、二〇一一年
農林水産政策研究所図書館所蔵文書
支那事務局農林課「昭和十四・十五年度　食糧対策ニ関スル綴（其ノ一）」など
中国社会科学院近代史研究所所蔵
満鉄上海事務所調査室編『事変後に於ける武漢を中心とせる長江沿岸政治経済事情』など
上海市档案館所蔵
「食米需給対策ノ一、参考（附軍警米対策其他）摘要（私見）」（上海特務機関関係資料）、華中鉄道警務部愛路課「華中ニ於ケル愛路工作ノ現況」一九四三年九月、など
山東省図書館所蔵
杉山部隊本部「昭和十四年初頭粛正清郷工作　昭和十四年一月二十日」、「山東省済寧県周辺農村調査報告（第一輯）」など
防衛省戦史研究センター所蔵
「太平洋戦争における戦争指導について」（眞田穣一郎少将陳述要旨）、「眞田穣一郎少将日記」、「支那派遣軍電報綴　参謀本部」、「湘桂作戦関係資料」、「京漢作戦通信調査資料綴（支那関係史実調査第2号）」、「一号作戦・湘桂作戦　第十一軍の統帥」、宮崎周一「参謀ニ与フル注意　昭和十九年九月　於漢口」、「第十一軍　湘桂作戦電報綴（其の一）」、西浦進「大陸打通作戦の終結」、「第三十七師団　京漢作戦戦闘詳報」など

アジア歴史資料センター公開
「支那事変後支那ニ於ケル帝国ノ医療救済事業」（JAGAR; Ref. B05016115900）の他、C11110623200、C01007101900、B08060388100、B02031853800、C13050285000、C11110504200、C11111747300、C13070416800、C11111591100、C11110466000、C11112068100、C11110535400、C04123359700、など

〈中国語文献〉

程朝云「抗戦初期的難民内遷」（『抗日戦争研究』二〇〇〇年第二期）
王春英「抗戦時期難民収容所的設立及其特点」（『抗日戦争研究』二〇〇四年第三期）
李爽「抗日戦争時期国民政府難民移墾政策研究」（『吉林師範大学学報（人文社会科学版）』二〇〇六年、第三期）
趙燕「抗戦期河南的難民問題与難民救済」（華中師範大学碩士論文、二〇〇七年）
許艶「抗戦時期湖北難民問題和難民救済」（華中師範大学碩士論文、二〇〇八年）
郭常英「抗戦時期報紙与難民救助」（『本期活題』二〇一五年九月下、第一八期）
黄正林「抗戦時期陝甘寧辺区糧食問題研究」（『抗日戦争研究』二〇一五年Ⅰ期）
孫艶魁『苦難的人流—抗戦期難民』広西師範大学出版社、一九九四年
謝忠厚編『日本侵華華北罪行史稿』社会科学文献出版社、二〇〇五年
麦金農（ステファン・マッキノン）『武漢、1938』武漢出版社、二〇〇八年

唐凌・付広華『戦時桂林損失調査研究報告』社会科学文献出版社、二〇〇九年
孫艶魁編著『全面抗戦時期難民傷亡問題研究』中共党史出版社、二〇一〇年
孟磊・関国鋒他編著『1942飢餓中国』中華書局、二〇一二年
宋致新編著『1942河南大飢荒』湖北人民出版社、二〇一二年、二〇〇五年版の増訂本
梅桑楡『花園口1938』二十一世紀出版社、二〇一三年
常云平・刘力『乱世瓢蓬』商務印書館、二〇一五年
蒹邦芥『苦海求生』山西人民出版社、二〇一六年

〈中国語資料〉

中国社会科学院近代史研究所近代史档案館所蔵文書
「国共档案」・「国防档案」所収、「国防最高会議秘書処「注意後方物価及糧食問題」、「国民参政会第一次大会建議移送退伍兵士及難民墾殖辺境荒地案」など
台湾・中国国民党党史館所蔵文書
「振済委員会弁理湘桂民救済之経過」、「社会救済」など
英国国立公文書館所蔵文書
国民政府主計処統計局『中華民国統計提要』一九四五年、など
市政協文史弁整理「文夕大火受災情況記略」(『長沙文史資料』第一輯、一九八四年)
夏瑛「長沙文夕大火真相」(『長沙文史資料』第二輯、一九八五年)

北京市档案館編『日本侵華罪行実証』上冊、人民出版社、一九九五年
中央档案館他編『華北治安強化運動』中華書局出版、一九九七年
政協武漢市委員会文史学習委員会『武漢文史資料文庫』第二巻、武漢出版社、一九九九年
中国人民政治協商会議衡陽市委員会『衡陽抗戦鋳名城』中国文史出版社、二〇〇五年
蔣鴻熙『血泪憶衡陽』江芬文芸出版社、二〇〇五年
武漢市档案館他編『沦陥時期武漢的政治与軍事』武漢出版社、二〇〇六年
中共江西省委党史研究室編『江西党史資料42』江西教育出版社、二〇一〇年

〈英語文献〉

Stephen R. Mackinon, WUHAN, 1938, University of California Press, 2008.

〈英語資料〉

'Foreign Relations of United State: Diplomatic papers（FRUS）, The Far East 1938 volⅢ,' Washigton: U.S Govt. Print Off. 1954. The Far East 1939. volⅢ, 1940 volⅢ, China 1942, China 1944, etc.
"Closed Session of the Joint Chefs of Staff", The U.S. National Archives and Records Administration.
"The Memories of Cordell Hull", London Hodder & Stoughton, 1948.
"The Stilwell Papers", New York, 1948.
Summer Welles, "Seven Decisions That Shaped History", Harper & Brothers Publishers, New York, 1950.

Leahy, "I Was There", McGraw-Hill Book Company, New York, 1950.

'Lost Chance in China, The World War Ⅱ Despatches of John S.Service' Edited by Joseph W.Esherick, Random House, Inc., New York, 1974.

著者紹介

一九四八年、石川県に生まれる

一九七五年、一橋大学大学院社会学研究科博士課程単位修得退学

新潟大学人文学部・同大学院現代社会文化研究科教授を経て、

現在、新潟大学名誉教授、博士（社会学）

〔主要編著書〕

『環日本海地域社会の変容』青木書店、二〇〇〇年

『「日本海」という呼称』新潟日報事業社、二〇〇二年

『近代日本の地域と自治』知泉書館、二〇〇八年

『柳条湖事件への道』高志書院、二〇一〇年

『南満州鉄道沿線の社会変容』（編）、知泉書館、二〇一三年

歴史文化ライブラリー

509

難民たちの日中戦争

戦火に奪われた日常

二〇二〇年（令和二）十月一日　第一刷発行

著　者　芳《よし》井《い》研《けん》一《いち》

発行者　吉川道郎

発行所　株式会社 吉川弘文館

東京都文京区本郷七丁目二番八号

郵便番号一一三—〇〇三三

電話〇三—三八一三—九一五一〈代表〉

振替口座〇〇一〇〇—五—二四四

http://www.yoshikawa-k.co.jp/

印刷＝株式会社 平文社

製本＝ナショナル製本協同組合

装幀＝清水良洋・高橋奈々

ISBN978-4-642-05909-1

歴史文化ライブラリー

1996.10

刊行のことば

現今の日本および国際社会は、さまざまな面で大変動の時代を迎えておりますが、近づきつつある二十一世紀は人類史の到達点として、物質的な繁栄のみならず文化や自然・社会環境を謳歌できる平和な社会でなければなりません。しかしながら高度成長・技術革新にともなう急激な変貌は「自己本位な刹那主義」の風潮を生みだし、先人が築いてきた歴史や文化に学ぶ余裕もなく、いまだ明るい人類の将来が展望できていないようにも見えます。このような状況を踏まえ、よりよい二十一世紀社会を築くために、人類誕生から現在に至る「人類の遺産・教訓」としてのあらゆる分野の歴史と文化を「歴史文化ライブラリー」として刊行することといたしました。

小社は、安政四年（一八五七）の創業以来、一貫して歴史学を中心とした専門出版社として書籍を刊行しつづけてまいりました。その経験を生かし、学問成果にもとづいた本叢書を刊行し社会的要請に応えて行きたいと考えております。

現代は、マスメディアが発達した高度情報化社会といわれますが、私どもはあくまでも活字を主体とした出版こそ、ものの本質を考える基礎と信じ、本叢書をとおして社会に訴えてまいりたいと思います。これから生まれでる一冊一冊が、それぞれの読者を知的冒険の旅へと誘い、希望に満ちた人類の未来を構築する糧となれば幸いです。

吉川弘文館

歴史文化ライブラリー

近・現代史

歴史文化ライブラリー

彫刻と戦争の近代――平瀬礼太
軍用機の誕生 日本軍の航空戦略と技術開発――水沢 光
首都防空網と〈空都〉多摩――鈴木芳行
帝都防衛 戦争・災害・テロ――土田宏成
陸軍登戸研究所と謀略戦 科学者たちの戦争――渡辺賢二
帝国日本の技術者たち――沢井 実
〈いのち〉をめぐる近代史 堕胎から人工妊娠中絶へ――岩田重則
強制された健康 日本ファシズム下の生命と身体――藤野 豊
戦争とハンセン病――藤野 豊
「自由の国」の報道統制 大戦下の日系ジャーナリズム――水野剛也
海外戦没者の戦後史 遺骨帰還と慰霊――浜井和史
学徒出陣 戦争と青春――蜷川壽惠
特攻隊の〈故郷〉 霞ケ浦・筑波山・北浦・鹿島灘――伊藤純郎
沖縄戦 強制された「集団自決」――林 博史
陸軍中野学校と沖縄戦 知られざる少年兵「護郷隊」――川満 彰
沖縄からの本土爆撃 米軍出撃基地の誕生――林 博史
原爆ドーム 物産陳列館から広島平和記念碑へ――頴原澄子
米軍基地の歴史 世界ネットワークの形成と展開――林 博史
沖縄米軍基地全史――野添文彬
沖縄 占領下を生き抜く 軍用地・通貨・毒ガス――川平成雄
考証 東京裁判 戦争と戦後を読み解く――宇田川幸大
昭和天皇退位論のゆくえ――冨永 望
ふたつの憲法と日本人 戦前・戦後の憲法観――川口暁弘
首都改造 東京の再開発と都市政治――源川真希
鯨を生きる 鯨人の個人史・鯨食の同時代史――赤嶺 淳
文化財報道と新聞記者――中村俊介

文化史・誌

落書きに歴史をよむ――三上喜孝
霊場の思想――佐藤弘夫
跋扈《ばっこ》する怨霊 祟りと鎮魂の日本史――山田雄司
将門伝説の歴史――樋口州男
藤原鎌足、時空をかける 変身と再生の日本史――黒田 智
変貌する清盛 『平家物語』を書きかえる――樋口大祐
空海の文字とことば――岸田知子
日本禅宗の伝説と歴史――中尾良信
殺生と往生のあいだ 中世仏教と民衆生活――苅米一志
浦島太郎の日本史――三舟隆之
〈ものまね〉の歴史 仏教・笑い・芸能――石井公成

歴史文化ライブラリー

戒名のはなし――藤井正雄
墓と葬送のゆくえ――森　謙二
運　慶　その人と芸術――副島弘道
ほとけを造った人びと　止利仏師から運慶・快慶まで――根立研介
祇園祭　祝祭の京都――川嶋将生
洛中洛外図屏風　つくられた〈京都〉を読み解く――小島道裕
化粧の日本史　美意識の移りかわり――山村博美
乱舞の中世　白拍子・乱拍子・猿楽――沖本幸子
神社の本殿　建築にみる神の空間――三浦正幸
古建築を復元する　過去と現在の架け橋――海野　聡
大工道具の文明史　日本・中国・ヨーロッパの建築技術――渡邉　晶
苗字と名前の歴史――坂田　聡
日本人の姓・苗字・名前　人名に刻まれた歴史――大藤　修
大相撲行司の世界――根間弘海
日本料理の歴史――熊倉功夫
日本の味　醤油の歴史――林　玲子・天野雅敏編
中世の喫茶文化　儀礼の茶から「茶の湯」へ――橋本素子
香道の文化史――本間洋子
天皇の音楽史　古代・中世の帝王学――豊永聡美
流行歌の誕生　「カチューシャの唄」とその時代――永嶺重敏
話し言葉の日本史――野村剛史
柳宗悦と民藝の現在――松井　健
遊牧という文化　移動の生活戦略――松井　健
マザーグースと日本人――鷲津名都江
たたら製鉄の歴史――角田徳幸
金属が語る日本史　銭貨・日本刀・鉄炮――齋藤　努
書物と権力　中世文化の政治学――前田雅之
書物に魅せられた英国人　フランク・ホーレーと日本文化――横山　學
災害復興の日本史――安田政彦

民俗学・人類学

日本人の誕生　人類はるかなる旅――埴原和郎
倭人への道　人骨の謎を追って――中橋孝博
神々の原像　祭祀の小宇宙――新谷尚紀
役行者と修験道の歴史――宮家　準
幽霊　近世都市が生み出した化物――髙岡弘幸
雑穀を旅する――増田昭子
川は誰のものか　人と環境の民俗学――菅　豊
名づけの民俗学　地名・人名はどう命名されてきたか――田中宣一

歴史文化ライブラリー

番と衆 日本社会の東と西——福田アジオ
記憶すること・記録すること 聞き書き論ノート——香月洋一郎
番茶と日本人——中村羊一郎
柳田国男 その生涯と思想——川田　稔

世界史

中国古代の貨幣 お金をめぐる人びとと暮らし——柿沼陽平
渤海国とは何か——古畑　徹
古代の琉球弧と東アジア——山里純一
アジアのなかの琉球王国——高良倉吉
琉球国の滅亡とハワイ移民——鳥越皓之
フランスの中世社会 王と貴族たちの軌跡——渡辺節夫
ヒトラーのニュルンベルク 第三帝国の光と闇——芝　健介
人権の思想史——浜林正夫

考古学

タネをまく縄文人 最新科学が覆す農耕の起源——小畑弘己
老人と子供の考古学——山田康弘
〈新〉弥生時代 五〇〇年早かった水田稲作——藤尾慎一郎
文明に抗した弥生の人びと——寺前直人
樹木と暮らす古代人 木製品が語る弥生・古墳時代——樋上　昇
古　墳——土生田純之
東国から読み解く古墳時代——若狭　徹
埋葬からみた古墳時代 女性・親族・王権——清家　章
神と死者の考古学 古代のまつりと信仰——笹生　衛
土木技術の古代史——青木　敬
国分寺の誕生 古代日本の国家プロジェクト——須田　勉
海底に眠る蒙古襲来 水中考古学の挑戦——池田榮史
銭の考古学——鈴木公雄

古代史

邪馬台国の滅亡 大和王権の征服戦争——若井敏明
日本語の誕生 古代の文字と表記——沖森卓也
日本国号の歴史——小林敏男
日本神話を語ろう イザナキ・イザナミの物語——中村修也
六国史以前 日本書紀への道のり——関根　淳
東アジアの日本書紀 歴史書の誕生——遠藤慶太
〈聖徳太子〉の誕生——大山誠一
倭国と渡来人 交錯する「内」と「外」——田中史生
大和の豪族と渡来人 葛城・蘇我氏と大伴・物部氏——加藤謙吉
白村江の真実 新羅王・金春秋の策略——中村修也

歴史文化ライブラリー

よみがえる古代山城 国際戦争と防衛ライン——向井一雄
よみがえる古代の港 古地形を復元する——石村 智
古代豪族と武士の誕生——森 公章
飛鳥の宮と藤原京 よみがえる古代王宮——林部 均
出雲国誕生——大橋泰夫
古代出雲——前田晴人
古代の皇位継承 天武系皇統は実在したか——遠山美都男
古代天皇家の婚姻戦略——荒木敏夫
壬申の乱を読み解く——早川万年
戸籍が語る古代の家族——今津勝紀
地方官人たちの古代史 律令国家を支えた人びと——中村順昭
古代の都はどうつくられたか 中国・日本・朝鮮・渤海——吉田 歓
平城京に暮らす 天平びとの泣き笑い——馬場 基
平城京の住宅事情 貴族はどこに住んだのか——近江俊秀
すべての道は平城京へ 古代国家の〈支配の道〉——市 大樹
都はなぜ移るのか 遷都の古代史——仁藤敦史
聖武天皇が造った都 難波宮・恭仁宮・紫香楽宮——小笠原好彦
天皇側近たちの奈良時代——十川陽一
藤原仲麻呂と道鏡 ゆらぐ奈良朝の政治体制——鷺森浩幸
悲運の遣唐僧 円載の数奇な生涯——佐伯有清
遣唐使の見た中国——古瀬奈津子
古代の女性官僚 女官の出世・結婚・引退——伊集院葉子
〈謀反〉の古代史 平安朝の政治改革——春名宏昭
平安朝 女性のライフサイクル——服藤早苗
平安京のニオイ——安田政彦
平安京の災害史 都市の危機と再生——北村優季
平安京はいらなかった 古代の夢を喰らう中世——桃崎有一郎
天台仏教と平安朝文人——後藤昭雄
天神様の正体 菅原道真の生涯——森 公章
平将門の乱を読み解く——木村茂光
藤原摂関家の誕生 平安時代史の扉——米田雄介
安倍晴明 陰陽師たちの平安時代——繁田信一
平安時代の死刑 なぜ避けられたのか——戸川 点
古代の神社と神職 神をまつる人びと——加瀬直弥
古代の食生活 食べる・働く・暮らす——吉野秋二
大地の古代史 土地の生命力を信じた人びと——三谷芳幸
時間の古代史 霊鬼の夜、秩序の昼——三宅和朗

歴史文化ライブラリー

中世史

歴史文化ライブラリー

歴史文化ライブラリー

犬と鷹の江戸時代〈犬公方〉綱吉と〈鷹将軍〉吉宗——根崎光男
紀州藩主 徳川吉宗 明君伝説・宝永地震・隠密御用——藤本清二郎
近世の巨大地震——矢田俊文
江戸時代の孝行者「孝義録」の世界——菅野則子
死者のはたらきと江戸時代 遺訓・家訓・辞世——深谷克己
近世の百姓世界——白川部達夫
闘いを記憶する百姓たち 江戸時代の裁判学習帳——八鍬友広
江戸のパスポート 旅の不安はどう解消されたか——柴田 純
〈身売り〉の日本史 人身売買から年季奉公へ——下重 清
江戸の捨て子たち その肖像——沢山美果子
江戸の乳と子ども いのちをつなぐ——沢山美果子
エトロフ島 つくられた国境——菊池勇夫
江戸時代の医師修業 学問・学統・遊学——海原 亮
江戸の流行り病 麻疹騒動はなぜ起こったのか——鈴木則子
江戸幕府の日本地図 国絵図・城絵図・日本図——川村博忠
江戸の地図屋さん 販売競争の舞台裏——俵 元昭
踏絵を踏んだキリシタン——安高啓明
墓石が語る江戸時代 大名・庶民の墓事情——関根達人
石に刻まれた江戸時代 無縁・遊女・北前船——関根達人
近世の仏教 華ひらく思想と文化——末木文美士
松陰の本棚 幕末志士たちの読書ネットワーク——桐原健真
龍馬暗殺——桐野作人
日本の開国と多摩 生糸・農兵・武州一揆——藤田 覚
幕末の世直し 万人の戦争状態——須田 努
幕末の海軍 明治維新への航跡——神谷大介
海辺を行き交うお触れ書き 浦触の語る徳川情報網——水本邦彦
江戸の海外情報ネットワーク——岩下哲典

各冊一七〇〇円～二〇〇〇円（いずれも税別）
▽残部僅少の書目も掲載してあります。品切の節はご容赦下さい。
▽品切書目の一部について、オンデマンド版の販売も開始しました。
詳しくは出版図書目録、または小社ホームページをご覧下さい。